El gran fracaso: 150 años de capitalismo ineficiente, concentrador y excluyente en Centroamérica

Alexander Segovia

Alexander Segovia

El gran fracaso: 150 años de capitalismo ineficiente, concentrador y excluyente en Centroamérica

El gran fracaso: 150 años de capitalismo ineficiente, concentrador y excluyente en Centroamérica

Alexander Segovia

Diseño de portada: F&G Editores
Ilustración de portada: Alejandra Segovia
Foto del autor: Carina Alfaro Zablah

Impreso en Guatemala
Printed in Guatemala

F&G Editores
31 avenida "C" 5-54, zona 7
Colonia Centro América
Guatemala, Guatemala
Teléfonos: (502) 2292 3792 y (502) 2439 8358
informacion@fygeditores.com
www.fygeditores.com

ISBN: 978-9929-700-91-8

Guatemala, octubre de 2021

Dedicatoria:

A Elisa, Alejandra, Luciana e Isabella,
a través de cuyos ojos veré las venturas y
desventuras de lo que falta del siglo XXI.

Contenido

Prefacio

El presente estudio es la culminación de un largo proceso de investigación y reflexión sobre las economías y las sociedades centroamericanas que inicié en la década de los noventa del siglo pasado. Lo considero, por tanto, una especie de síntesis de los hallazgos y reflexiones de mis trabajos anteriores, sobre todo de aquellos relacionados con los cambios estructurales ocurridos en las economías y sociedades centroamericanas en el último medio siglo, incluyendo el fin del modelo agroexportador tradicional y el surgimiento de un nuevo modelo económico, la transformación y reestructuración de las élites económicas, los efectos de los conflictos internos y la reconstrucción posbélica, la transformación del proceso de integración regional y los determinantes de la pobreza y la desigualdad.

El análisis y la reflexión sobre estos temas y la experiencia adquirida en las últimas décadas en el diseño e implementación de políticas públicas –como asesor internacional y funcionario público– me llevaron inevitablemente a poner la atención en el capitalismo centroamericano, particularmente en su forma de funcionamiento, en las características específicas que históricamente ha asumido en cada uno de los países, en sus interrelaciones con los diferentes modelos económicos y en los actores que intervienen en su configuración y permanencia en el tiempo. El presente trabajo recoge las principales reflexiones y conclusiones realizadas durante los últimos años alrededor de estos temas y su propósito principal es contribuir al debate intelectual y político sobre el capitalismo y la democracia en Centroamérica a través de un análisis crítico de las versiones que dicho sistema ha asumido históricamente en la región. Además pretende contribuir a generar un debate responsable sobre alternativas políticas y de desarrollo en Centroamérica.

Quiero agradecer a las personas que de una u otra forma contribuyeron a la elaboración de este trabajo, particularmente a los colegas académicos e intelectuales con quienes en los últimos años y en diferentes espacios discutimos y reflexionamos sobre la naturaleza y el alcance del cambio estructural en Centroamérica, sobre la transformación y reconfiguración de las élites económicas y de la integración regional. Por ello mi gratitud a Juan Alberto Fuentes, Hugo Beteta, Eric Hershberg, Aaron Schneider, Diego Sánchez Ancochea, Juliana Martínez, Pedro Caldentey, Carlos Heredia y a Edelberto Torres-Rivas –que desgraciadamente ya no está entre nosotros– quien en todo momento estuvo atento a discutir mis argumentos e ideas –aunque no siempre las compartía– y de quien aprendí que la honestidad intelectual es uno de los atributos más valiosos de las personas.

Asimismo quiero expresar mi agradecimiento al profesor Víctor Bulmer-Thomas, quien además de guiarme en el estudio de El Salvador y Centroamérica, me ayudó a consolidar mi formación académica, especialmente a profundizar y utilizar el enfoque de economía política y el análisis comparativo regional. Agradezco también a Gabriela Ramírez, economista salvadoreña, quien desde hace varios años me apoya desinteresadamente en la búsqueda, sistematización y análisis de información cuantitativa y cualitativa; a mi hija Alejandra Segovia, que me apoyó con la ilustración de portada; y a Raúl Figueroa Sarti que siempre creyó en mí y estuvo dispuesto a publicar los resultados de la investigación, aun sin conocer su contenido. Finalmente quiero agradecer a Carina, mi compañera de vida, por su paciencia, su solidaridad y su apoyo incondicional. Sin su aliento constante y su comprensión difícilmente hubiera tenido la fuerza y el ánimo para terminar la investigación en estos tiempos complejos e inciertos.

Introducción

Hace 200 años Centroamérica[1] se independizó de España y desde entonces ha recorrido un largo y difícil camino en busca de su identidad, de su libertad y de su prosperidad. 50 años más tarde, a partir de la década de 1870, finalmente Costa Rica, El Salvador y Guatemala –y posteriormente Honduras y Nicaragua–, encontraron el mecanismo que además de permitirles constituirse en Estados-nación, les hizo soñar con alcanzar el progreso material y social: la incorporación al capitalismo mundial a través del cultivo y exportación del café y del banano y posteriormente de otros productos primarios. Desde entonces, el capitalismo en sus distintas modalidades nacionales ha sido el sistema económico dominante en la región,[2] moldeando las economías y las sociedades e influyendo en los sueños y en los destinos de los millones de personas que han habitado esta pequeña región del planeta en los últimos 150 años.

En el momento de su surgimiento y consolidación –entre 1870 y 1930 aproximadamente–, el capitalismo centroamericano constituyó un importante factor de innovación, modernización económica y de cohesión nacional y en el período posterior a la Segunda Guerra

1. Por Centroamérica me refiero a la región compuesta por Costa Rica, El Salvador, Guatemala, Honduras y Nicaragua, es decir, los cinco países que hasta 1821 integraron el llamado Reino de Guatemala y que alcanzaron la independencia como Provincias Unidas del Centro de América.

2. Entiendo por capitalismo el sistema económico basado en la propiedad privada de los medios de producción, en el que los empresarios contratan fuerza de trabajo libre –desde el punto de vista jurídico– y la coordinación económica se efectúa de forma descentralizada a través del mecanismo de mercado.

Mundial, pese a su enorme volatilidad y su extrema dependencia del exterior, se diversificó, generó riqueza material e incluso algún progreso social temporal, sobre todo en las áreas urbanas. Sin embargo, en la mayoría de países la contraparte de la expansión económica y la modernización de la posguerra fue un mayor empobrecimiento de la población –sobre todo rural–, una mayor concentración de la riqueza y del poder en una pequeña élite, y una explotación desmedida de los recursos naturales, revelándose de esta manera su naturaleza concentradora y excluyente, razón por la cual –con la excepción de la versión costarricense– demostró ser incompatible con sistemas políticos democráticos.

El fracaso del capitalismo agrario en generar suficientes empleos formales, en impulsar el progreso social y en convivir con la democracia estuvo en el origen de la crisis política y de los conflictos armados internos que registró Centroamérica en la década de los ochenta del siglo pasado y fue precisamente en esa época cuando registró su primera gran transformación. Los conflictos armados internos, las migraciones masivas, la crisis económica, política y social, las respuestas de política que se ensayaron para hacerle frente, la profundización de la globalización capitalista y las reformas neoliberales implementadas a lo largo de la región en esa época, modificaron por primera vez en la historia las bases económicas, sociales, institucionales y políticas del capitalismo agrario que había prevalecido en Centroamérica por alrededor de un siglo y posibilitaron el aparecimiento de un nuevo tipo –que en el presente trabajo he denominado capitalismo rentista-transnacional–, el cual se sustenta en un modelo económico distinto al agroexportador y que pese a presentar novedades, continúa siendo ineficiente y conserva su carácter concentrador y excluyente, con el agravante de que es menos productivo y de que en la mayoría de países su funcionamiento y viabilidad depende en buena medida del ingreso de remesas familiares que envían los centroamericanos viviendo en el exterior, quienes en su mayoría se vieron obligados a emigrar debido a la violencia y a la incapacidad del sistema de generar suficientes empleos y oportunidades de inserción productiva, laboral y educativa, principalmente para los jóvenes y las mujeres.

Desde una perspectiva histórica-comparativa, el capitalismo centroamericano –con excepción de la versión costarricense en algunos temas– ha fracasado rotundamente en al menos cuatro aspectos fundamentales que en otros países del mundo dicho sistema ha sido exitoso en algunos períodos históricos: en la construcción de economías productivas, competitivas e integradas, en el logro del progreso social para la mayoría de la población, en el apuntalamiento de la democracia y en el cuidado del medio ambiente.[3] En las dos primeras áreas Centroamérica ha sido históricamente una de las regiones subdesarrolladas más desiguales del planeta; en la tercera, con la excepción de Costa Rica, el capitalismo centroamericano ha sido incapaz de apuntalar y convivir con sistemas democráticos por períodos largos de tiempo; y en la cuarta, su desarrollo se ha realizado con un alto costo en términos ambientales. A estas grandes fallas hay que agregar su carácter extremadamente concentrador y excluyente cuyo resultado principal ha sido la conformación de sociedades desiguales y altamente polarizadas en las que una minoría privilegiada concentra el poder económico y político mientras que la mayoría de la población carece de los medios para llevar una vida digna y para desarrollarse plenamente como seres humanos.

Ahora que Centroamérica se encuentra en medio de la crisis socioeconómica más grave del presente siglo, que las secuelas de la pandemia del COVID-19 han profundizado la pobreza y la desigualdad y que la democracia se encuentra en grave riesgo, es tiempo de preguntarse con franqueza cuáles son las razones por las cuales el capitalismo centroamericano ha sido tan deficiente en estos aspectos fundamentales de la vida social y por qué pese a sus enormes y repetidas fallas –inadmisibles en cualquier país capitalista desarrollado– sigue funcionando con toda impunidad sin que los principales actores nacionales e internacionales –incluyendo la mayor parte de la academia y de la comunidad internacional– se atrevan a cuestionarlo abiertamente.[4] Estas preguntas adquieren mayor relevancia si se toma en cuenta que a lo largo del siglo XX y en lo que va del actual, diferentes

3. Bresser-Pereira (2012) señala que las sociedades modernas persiguen cinco metas: seguridad, libertad, justicia social, bienestar y protección del medioambiente.

4. La mayoría de estos actores generalmente son críticos de los "modelos o estilos de desarrollo" implementados, pero por razones políticas e ideológicas se cuidan de no cuestionar abiertamente el tipo de capitalismo prevaleciente en la región.

actores –nacionales e internacionales– intentaron sin éxito corregir las principales fallas del capitalismo centroamericano y compatibilizarlo con la vigencia de regímenes democráticos. Algunos de estos intentos simplemente no fueron permitidos por las fuerzas conservadoras locales y/o por actores externos y otros fueron modificados de tal manera que no cambiaran drásticamente el *statu quo.*

Como respuesta a la profunda crisis que padece Centroamérica y ante las fragilidades estructurales mostradas por la región a raíz de la pandemia del COVID-19, han surgido diferentes voces nacionales, regionales e internacionales abogando por reformas de fondo, particularmente por la instauración de modelos económicos inclusivos y sostenibles y por un papel más activo del Estado en el ámbito redistributivo y social. Ojalá que esta vez estos llamados no caigan en el vacío y que las sociedades centroamericanas, con el apoyo solidario de la comunidad internacional, realicen de una vez por todas la gran tarea pendiente de su historia: transformar el capitalismo ineficiente, concentrador, excluyente y depredador prevaleciente en la región desde hace 150 años mediante la implementación de reformas socioeconómicas, legales e institucionales que rompan con el sistema de privilegios y prebendas construido históricamente por las élites económicas para lucrarse y beneficiarse del funcionamiento del mercado, que asegure una distribución equitativa del ingreso y de la riqueza entre toda la población, que fortalezca el rol social, regulador y redistributivo del Estado y que asegure el cuido del medio ambiente y de los recursos naturales; todo ello en el marco de la vigencia de una democracia plena.

En perspectiva histórica, la transformación del capitalismo centroamericano constituye la gran tarea pendiente ya que su realización requiere construir una amplia coalición social y política con suficiente inteligencia y credibilidad para neutralizar a la poderosa alianza de fuerzas conservadoras nacionales, regionales e internacionales que hasta ahora ha sido exitosa en evitar o minimizar cualquier cambio social verdaderamente transformador. En esta coalición Estados Unidos y las élites económicas tienen un papel fundamental que jugar dada su enorme responsabilidad histórica en la configuración, funcionamiento y mantención del capitalismo en la región y, en el caso de estas últimas, por ser sus principales beneficiarias.

El presente trabajo busca contribuir a la reflexión académica, intelectual y política sobre el capitalismo en Centroamérica mediante un análisis histórico de su funcionamiento y transformación; además, pretende aportar al debate sobre el vínculo que existe entre modelos y tipos de capitalismo en el caso centroamericano. Las preguntas principales que guiaron el proceso de investigación y análisis fueron las siguientes: ¿Cuáles han sido las características principales del capitalismo centroamericano desde su surgimiento hasta el presente?; ¿cuántos tipos de capitalismo han existido en Centroamérica en los 150 años de su existencia y qué tan homogéneo ha sido entre los países?; ¿cuáles y qué peso han tenido los factores internos y externos en la configuración, funcionamiento y modernización del capitalismo centroamericano?; y ¿cuál ha sido la relación entre modelos económicos y tipos de capitalismo?

Para responder las preguntas anteriores he recurrido al análisis histórico-comparativo, estructural y de economía política ya que considero que el surgimiento, desarrollo y transformación del capitalismo en Centroamérica es el resultado de procesos económicos, sociales y políticos en los cuales los actores nacionales, regionales e internacionales han jugado un rol central. Concretamente, utilizo un enfoque teórico-metodológico que enfatiza el análisis de los modelos económicos[5] y de los procesos económicos, sociales y políticos que a la larga le confirieron su especificidad al capitalismo centroamericano y fueron factores determinantes en el surgimiento y desarrollo de sus diferentes variantes. Los procesos que analizo en detalle son los siguientes: i) el proceso de acumulación de capital y distribución del excedente, que incluye quién produce, qué se produce, cómo se produce, dónde se produce y cómo se origina y se distribuye el

5. Para fines de este trabajo, entiendo por modelo económico un régimen económico basado en una forma específica de acumulación de capital –y consecuentemente, en una forma concreta del uso y distribución del excedente económico–; en una forma particular de producir y de insertarse en la economía internacional; y en un balance de poder específico entre los distintos sectores económicos y sociales, especialmente entre los empresarios y los trabajadores, entre las diferentes élites empresariales –nacionales e internacionales– y entre éstas y el Estado. Para otras definiciones ver Guillén, 2021; Sánchez-Ancochea y Martínez Franzoni 2015; Bulmer-Thomas, 1997; Stalling y Peres, 2000; CEPAL, 2020.

excedente económico; ii) la forma de inserción internacional, que incluye el rol de la demanda externa; la estructura del sector externo, la procedencia y el destino de la inversión extranjera; y el impacto de las migraciones y de las remesas familiares; iii) el rol de las élites económicas locales y de las empresas multinacionales; iv) el papel del Estado, su naturaleza y sus formas de intervención en los diferentes ámbitos de la vida social; y v) el papel de actores externos, particularmente de Estados Unidos como potencia económica y política en la región. Considero que este enfoque es pertinente para analizar y caracterizar el capitalismo en economías pequeñas, abiertas y extremadamente dependientes de la economía de Estados Unidos como las centroamericanas, en donde el peso de las restricciones estructurales y de los factores externos es fundamental,[6] la incidencia de las élites económicas y de los actores externos es determinante y el papel del Estado y sus formas de intervención es decisivo. En este sentido el enfoque utilizado difiere de los aplicados por otros autores para definir y estudiar el capitalismo latinoamericano.[7]

La exposición se ha organizado en tres partes. En la primera se presenta un análisis y una caracterización del capitalismo agrario-exportador que estuvo vigente en Centroamérica aproximadamente entre 1870 y 1980 y se identifican las versiones que se desarrollaron a lo largo del siglo xx en los cinco países de la región, destacando sus características principales y las diferencias entre ellos. Además se

---

6. Como ha señalado CEPAL (1992), en Centroamérica los factores externos desempeñan un papel decisivo y resultan determinantes y esenciales no sólo del comportamiento económico, sino de la influencia recíproca de muchos factores políticos. De acuerdo con esta institución "aquí está la raíz histórica de la reiterada propensión de los centroamericanos a buscar explicaciones y soluciones en el exterior a los males que les aquejan" (CEPAL, 1992: 3).

7. Para un análisis sobre las distintas caracterizaciones del capitalismo existentes en América Latina ver Schneider y Soskice (2007); Schneider (2009); Schneider & Karcher (2010); Sánchez-Ancochea (2007); Martínez, Molyneux y Sánchez-Ancochea (2009); Sheahan (2002); Filgueira y Filgueira (2002); Ebenau (2012); Bresser-Pereira (2012); Bizberg (2014); Bizberg y Théret (2014); Bull, Castellacci, F., Kasahara (2014), Litan, Baumol, y Schramm (2008), Guillén (2021), entre otros.

analizan los principales intentos de reformarlo y sus consecuencias económicas, sociales y políticas.

En la segunda parte se estudia y se caracteriza el capitalismo rentista-transnacional, cuyo surgimiento se remonta a la década de los ochenta del siglo XX, enfatizando sus características principales, sus similitudes y diferencias con el capitalismo agrario, así como sus fortalezas y limitaciones.

En la tercera parte se presentan las principales conclusiones del análisis realizado y se desarrollan algunas reflexiones sobre la economía política del capitalismo centroamericano en el siglo XXI. Al final del texto se presenta la bibliografía y un anexo con algunas series estadísticas relevantes.

1.
El capitalismo agrario-exportador y sus variantes: 1870-1980

1.1.
El funcionamiento global del capitalismo agrario-exportador

Los estudios académicos más relevantes sobre la historia de Centroamérica coinciden en señalar que en esta región el capitalismo surgió en la segunda mitad del siglo XIX con la introducción y desarrollo del cultivo, procesamiento y exportación de café –y posteriormente del banano– y que esta agroindustria fue un factor fundamental para lograr la incorporación de los países a la economía mundial, para cohesionar a las sociedades alrededor de un proyecto nacional y para completar la formación de los Estados nacionales, los cuales hasta ese momento eran sumamente débiles y desarticulados[1] (Torres-Rivas, 1981; Mahoney, 2002; Bértola y Ocampo, 2013). Además concuerdan en que los procesos de construcción de los Estados y de edificación del capitalismo tuvieron lugar en el período de las llamadas revoluciones liberales, es decir, en la etapa en la cual las élites políticas emprendieron reformas para desarrollar la agricultura comercial de exportación y redefinieron el papel del Estado en la sociedad y la economía, que

1. No obstante, no existe una relación mecánica entre los procesos económicos y de formación del Estado. Como ha apuntado Acuña (2018), "de una estructura agraria determinada o de cierta modalidad de acumulación de capital no se deriva nada en forma automática en el plano de los procesos de construcción de Estado, invención de la nación e institucionalización de tal o cual régimen político, sino que por el contrario, los desenlaces de estos procesos acontecen en la esfera de lo político, mediante la competencia política y la confrontación armada" (Acuña, 2018: 251).

comprende los años de 1870 a 1930 (Mahoney, 2002: 140). Las reformas liberales sentaron las bases económicas y sociales del capitalismo mediante la privatización de las tierras y la creación de una fuerza laboral –mal remunerada– que pudiera encargarse de las nuevas tareas agrícolas vinculadas con la producción, procesamiento y exportación de café. Posteriormente, los Estados –generalmente, aunque no siempre, controlados por las élites–[2] se encargaron de proveer la infraestructura económica e institucional necesaria para desarrollar la agricultura de exportación, principalmente líneas de ferrocarril, telégrafo, redes viales, puertos y bancos (Bethell, 2001). Como resultado de estos procesos, en las primeras décadas del siglo XX, el capitalismo agrario en sus distintas variantes se había establecido en Centroamérica –primero en Costa Rica, El Salvador y Guatemala y posteriormente en Honduras y Nicaragua–,[3] y la economía agroexportadora era el eje principal de toda la vida económica y social de la región.

A lo largo del siglo XX –particularmente en el período posterior a la Segunda Guerra Mundial– el capitalismo agrario centroamericano registró una modernización importante a través de la adopción de nuevas técnicas de producción,[4] mediante la introducción de nuevos productos de exportación[5] –principalmente algodón, caña de azúcar,

---

2. Mahoney (2002) advierte que los dictadores que estaban al frente de los Estados liberales eran capaces de tomar decisiones sin negociar o consultar con las clases y grupos de la sociedad civil y cuando se enfrentaban a la disyuntiva de proteger sus intereses políticos o apoyar a las élites agrarias locales, tenían la capacidad de tomar decisiones que contradecían directamente los intereses de la clase dominante (Mahoney, 2002: 145-146).

3. En Honduras y Nicaragua las reformas liberales no llegaron a emprenderse con el vigor requerido y, cuando así fue, la iniciativa quedó casi exclusivamente en manos extranjeras (Avancso, 1990: 2).

4. Como ha señalado Bulmer-Thomas, hay poca base para respaldar la idea de una Centroamérica anclada en métodos de producción tradicional y aislada de los avances en la economía mundial. Por el contrario, las evidencias muestran una economía que en el siglo XX estuvo sujeta a un considerable grado de transformación (Bulmer-Thomas, 1985).

5. La diversificación económica de esa época fue impulsada por el aumento del precio internacional del algodón, la clausura de la cuota de importación de azúcar cubano a Estados Unidos después del triunfo de la revolución cubana de 1959, la difusión del cultivo de tabaco tipo habano y en el caso

carne vacuna y tabaco y en el caso de Guatemala el cardamomo–[6] y mediante un proceso de industrialización, el cual además de habilitar nuevos espacios de acumulación en actividades industriales y de servicios relacionados, coadyuvó a la diversificación del aparato productivo, al surgimiento de nuevos actores empresariales y de cierta clase media y al aumento de la burocracia gubernamental. Sin embargo, todos estos cambios no alcanzaron para transformarlo ya que fueron incapaces de alterar de manera sustancial el modelo agroexportador tradicional y la matriz de poder sobre los cuales se sustentaba. Por ello califico al capitalismo centroamericano que estuvo vigente desde 1870 hasta finales de la década de los 1970 como agrario-exportador porque desde su surgimiento hasta su reemplazo definitivo estuvo estructurado completamente alrededor de la economía agrícola de exportación y porque las élites agrarias que controlaban el sector agroexportador y las empresas extranjeras que controlaban los enclaves bananeros y mineros –y posteriormente buena parte del sector industrial y actividades relacionadas– eran los actores capitalistas dominantes y ambos tenían un control monopólico y oligopólico de la economía y una influencia –la mayoría de la veces decisiva– sobre los Estados nacionales, los cuales eran utilizados para ejercer su hegemonía y para asegurar y ampliar el proceso de acumulación de capital.

El capitalismo agrario-exportador se sustentaba en un modelo económico controlado totalmente por las élites agrarias en el cual el proceso de acumulación era bastante simple y funcionaba a la perfección. En dicho modelo el excedente económico que se utilizaba para la acumulación de capital era de origen interno y provenía mayoritariamente del sector agroexportador tradicional que era donde se localizaban los principales ejes de acumulación, es decir, las actividades productivas vinculadas al cultivo, procesamiento, comercialización y exportación de café y posteriormente de caña de azúcar, algodón, y en algunos países la carne vacuna. A partir de la década

de la ganadería de carne, por el desarrollo de las cadenas de comidas rápidas en Estados Unidos.

6. A finales de los sesenta los agroexportadores de Guatemala comenzaron a experimentar con el cardamomo, y en una década ya habían captado 80% de las exportaciones mundiales (Bulmer-Thomas, 2010: 325-326).

de los sesenta el excedente proveniente del exterior en forma de inversión extranjera directa (IED) cobró alguna importancia en el financiamiento de la inversión en la industria y actividades relacionadas;[7] sin embargo, nunca pudo competir con el abundante excedente interno generado en las actividades agroexportadoras, las cuales en su gran mayoría siguieron en manos de élites locales. Además las actividades industriales siempre estuvieron subordinadas al excedente en dólares generado por el sector agroexportador debido a su tradicional dependencia de la importación de bienes intermedios y de capital (Bulmer-Thomas, 1987; Segovia, 2002).

En aquellos países donde había enclaves bananeros (o mineros), el proceso de acumulación de capital era realizado por las compañías extranjeras[8] que controlaban totalmente sus distintas fases debido al control monopólico que les confería la ley y a la influencia directa que tenían sobre los Estados.[9] En estos casos, la producción se dedicaba a la exportación, la gerencia empresarial y la tecnología utilizada eran importadas y la transferencia de su dinamismo económico a las economías nacionales era generalmente escasa.[10] Asimismo los países centroamericanos proveían una fuerza laboral poco calificada y mal

7. A diferencia de los países grandes de América Latina, en la primera mitad del siglo XX la IED en Centroamérica fue relativamente baja y estuvo concentrada en la producción bananera, por lo que su importancia era mucho mayor en los países donde había enclaves –Costa Rica, Guatemala y Honduras–; sin embargo, a finales de la década de los sesenta la IED se había duplicado en la región, pasando de $388 millones en 1959 a $755 millones en 1969 (Rovira Mas, 2005: 112-114).

8. Las principales compañías bananeras eran de origen estadounidense. La más famosa fue la United Fruit Company (UFCO), fundada en 1899, la cual fue conocida como "El Pulpo" por su enorme poder e influencia sobre los países en los que operaba.

9. Las excepcionales facilidades y condiciones con las que operaban las compañías bananeras en la región se debían a los vínculos políticos que desarrollaron con los grupos de poder dentro del sistema de dominación de la nación receptora (Rovira Mas, 2005: 136, nota 40).

10. Una excepción parece ser Honduras, ya que de acuerdo con Euraque (1996), la región de enclave hondureña generó un crecimiento económico endógeno mediante la relación histórica entre los capitalistas de San Pedro Sula, los mercados financieros local e internacional y la existencia de *joint*

remunerada que minimizaba los costos de operación de dichas empresas. En estas economías de enclave, la mayor parte del excedente generado salía hacia el exterior en forma de repatriación de capitales debido a la ausencia de regulaciones que impidieran la transferencia de renta desde Centroamérica hacia Estados Unidos.

En el capitalismo agrario-exportador la mayor parte del excedente económico se realizaba en los mercados internacionales a través de las exportaciones, lo cual convertía a las actividades agroexportadoras en la principal fuente de divisas y, consecuentemente, en el principal determinante de la actividad económica interna y de la estabilidad financiera y cambiaria (CEPAL, 1992; Segovia, 2002, 2005). Esta dependencia extrema de las economías de las actividades agroexportadoras le confería un enorme poder e influencia a las élites agrarias, lo cual era reforzado por el hecho de que el excedente externo jugó en general un papel limitado en el proceso de acumulación de capital debido, por una parte, a la abundancia de excedente generado por los sectores agroexportadores, que hacía innecesario para las élites agrarias recurrir al financiamiento externo;[11] y por otra parte, al control casi total de estas élites de todo el proceso de acumulación de capital.

En el capitalismo agrario-exportador la distribución del excedente económico se realizaba fundamentalmente a través de los sistemas financieros locales, los cuales eran poco desarrollados y estaban compuestos por bancos que en su mayoría pertenecían o eran controlados por las mismas familias agroexportadoras, por lo que en la práctica funcionaban como sus brazos financieros. También existían bancos estatales de desarrollo en donde las élites agrarias tenían influencia suficiente para incidir en el destino del crédito, por lo que en su mayoría también se utilizaba para financiar las actividades agroexportadoras. De esta manera, gran parte del excedente económico volvía al sector agropecuario en forma de financiamiento bancario privado

ventures con nuevas corporaciones multinacionales en el sector de manufacturas.

11. El financiamiento externo actuó como amortiguador durante los períodos de contracción económica, evitando que la disminución en el valor de las exportaciones se tradujera en una restricción de la capacidad para importar, y como consecuencia de la capacidad de crecimiento de las economías.

Figura 1
FUNCIONAMIENTO DEL CAPITALISMO AGRARIO-EXPORTADOR CENTROAMERICANO

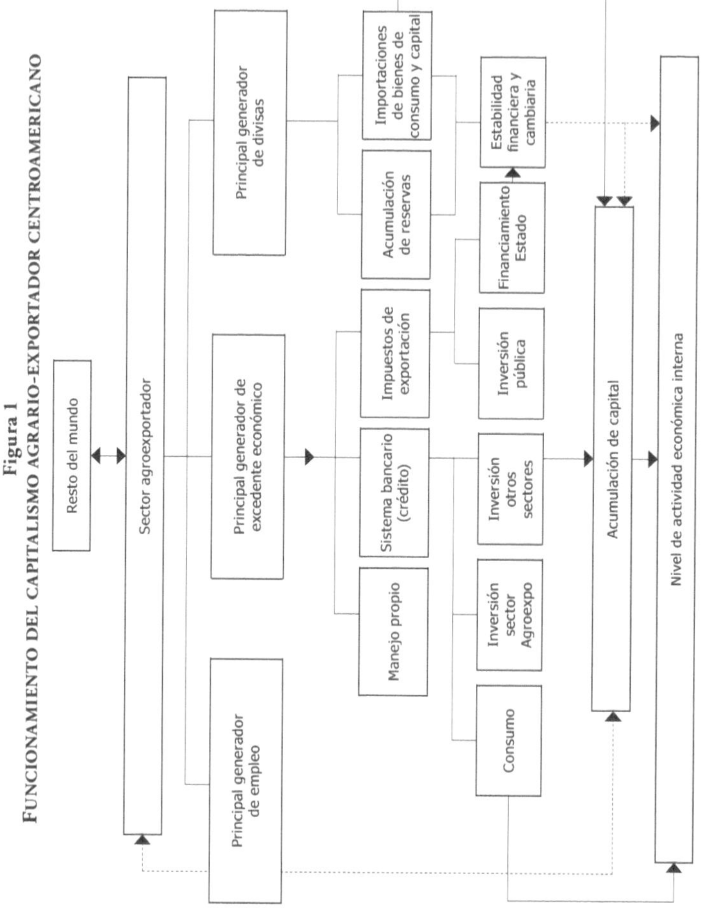

Fuente: Elaboración propia.

y público para financiar capital de trabajo de corto plazo y para ampliar la capacidad productiva agroexportadora, mientras que otra parte era utilizada para invertir en otros sectores rentables de la economía, en consumo suntuario y en menor medida para financiar al Estado mediante los impuestos a las exportaciones, que constituían la principal fuente de ingresos del Estado, lo que a su vez volvía a los ingresos fiscales altamente vulnerables a las fluctuaciones de los precios internacionales de los productos primarios. Esto a su vez hacía coincidir los déficit fiscales con los déficit comerciales, lo cual complicaba el manejo económico (World Bank, 1989: 17). Además, el nivel de otros impuestos directos e indirectos también era en parte determinado por el sector agroexportador, ya que la evolución de la actividad económica estaba en función de dicho sector.

Este control tan abrumador del proceso de acumulación de capital por parte de las élites agrarias, sumado al hecho de que su espacio de acumulación era fundamentalmente el territorio nacional y a la naturaleza productiva de los ejes de acumulación, es lo que explica el estrecho vínculo que existía en el capitalismo agrario-exportador entre la generación del excedente económico, las estructuras productivas vinculadas con la agroexportación y el sistema financiero.

En el modelo agroexportador en el que se asentaba el capitalismo agrario, la tierra constituía el principal factor de producción y la acumulación de capital dependía de manera crítica de ella, razón por la cual su posesión y control fue una prioridad por parte de las élites agrarias y de las compañías transnacionales, que utilizaron a los Estados para apropiársela mediante el despojo de tierras a los campesinos y a las comunidades indígenas y a través de la expansión de la frontera agrícola. Como resultado de estos procesos se conformó en la mayoría de los países una estructura agraria dual (binomio latifundio-minifundio) altamente concentrada y polarizada conformada por grandes fincas agroexportadoras y pequeñas propiedades para fines de subsistencia, cuya consecuencia directa fue una gran concentración del ingreso y de la riqueza. Esta situación, sumada al carácter intensivo y estacional de los monocultivos, influyó decisivamente en la división del trabajo ya que provocó una escasez de empleos permanentes en el agro, configuró una estructura de inserción laboral agrícola en pequeñas parcelas como trabajadores familiares e incidió en que la remuneración del trabajo permanente en las fincas no estuviera asociada al desarrollo de la productividad sino a las condiciones del mercado influido por la sobreoferta de trabajadores eventuales (Pérez Sáinz *et al.*, 2003: 28). Además, el mercado laboral estaba altamente regulado con el objetivo de mantener los salarios reales a los niveles más bajos posibles con el propósito de reducir los costos de producción de las haciendas y de los enclaves bananeros (Bulmer-Thomas, 1987; Sánchez-Ancochea y Martínez Franzoni, 2015). En resumen, la existencia del binomio latifundio-minifundio junto a los bajos salarios pagados en el campo explica en buena medida el carácter concentrador y excluyente del capitalismo agrario-exportador, así como la existencia de una extensa pobreza y exclusión social en las zonas rurales. En tales condiciones, las posibilidades de reducir las desigualdades sociales y de impulsar una industrialización basada en el dinamismo de la demanda interna simplemente no existían, razón por la cual en el período posterior a la Segunda Guerra Mundial, algunos gobiernos intentaron sin éxito ampliar el mercado interno mediante la realización de reformas agrarias y a través del aumento de los salarios reales (ver sección 1.3).

A diferencia de las empresas transnacionales que controlaban los enclaves bananeros y la industria y de algunas élites industriales locales que tenían como espacio de acumulación el territorio centroamericano, en el caso de las élites agrarias dicho espacio era fundamentalmente el nacional, el cual cuidaban celosamente de la competencia extranjera. Para ello, utilizaron su poder e influencia sobre los Estados a fin de que se establecieran barreras arancelarias y no arancelarias a la importación de productos primarios que competían con los producidos localmente; como resultado en todos los países se conformaron monopolios y oligopolios en la agroindustria del café, azúcar y algodón y en las actividades industriales y relacionadas en donde dichas élites y las empresas transnacionales tenían inversiones. Este carácter monopolista del capitalismo agrario-exportador reforzó la concentración del ingreso y de la riqueza en pocas manos.

En el capitalismo agrario-exportador el Estado jugó un papel central en el proceso de acumulación de capital y su forma de intervención marcó la diferencia entre sus diferentes variantes (sección 1.2). Inicialmente el Estado jugó un rol central a través de la intervención en el proceso de privatización de la tenencia de la tierra y la aplicación de leyes para regular y controlar la oferta de fuerza laboral que requería el cultivo del café, y posteriormente creando las condiciones legales e institucionales que posibilitaron la consolidación de la agroindustria del café y del banano y la introducción de la caña de azúcar, el algodón, el banano y la ganadería. En términos más generales, el Estado se aseguró de preservar la estabilidad financiera y cambiaria y de proporcionar crédito a las actividades agroexportadoras a través de los bancos estatales, de otorgar subsidios para los nuevos rubros de producción y de impulsar la mecanización y la investigación tecnológica, así como de construir la infraestructura económica que necesitaban dichas actividades para su expansión, para lo cual recurría al endeudamiento externo. En el período posterior a la Segunda Guerra Mundial en todos los países –aunque de manera diferenciada– el Estado asumió nuevas funciones y su intervención se amplió a nuevos ámbitos como la planificación, la regulación del mercado –sobre todo la regulación de los precios de productos básicos–, y la producción directa de bienes y servicios considerados estratégicos –generación de energía eléctrica, servicios bancarios, telecomunicaciones, agua potable, etc.–, a través de la creación de empresas públicas. En el ámbito social también hubo una mayor participación del Estado –particularmente en educación, salud y seguridad social–; sin embargo, con la excepción de Costa Rica, la inversión social nunca fue prioridad, razón por la cual la política social tuvo un carácter residual ya que solamente cubría a una minoría, tenía bajos niveles de suficiencia y reforzaba la pauta de estratificación social (Sánchez-Ancochea y Martínez Franzoni, 2015: 16). En la esfera política con excepción de Costa Rica, el Estado desempeñó un rol central en el mantenimiento de un orden social injusto mediante la utilización de métodos autoritarios y represivos, en el que la democracia simplemente no tenía lugar. De hecho, en buena parte del siglo XX, en la mayoría de los países el sistema político amplió y profundizó el carácter excluyente del modelo económico y hubo un intento continuado por limitar las posibilidades de protesta y las demandas sociales y se restringió la competencia electoral, aun en los casos en los que se mantuvieron los partidos políticos legales y hubo elecciones periódicas (Sánchez-Ancochea y Martínez Franzoni, 2015: 32-33). Como ha señalado CEPAL (2012), en estos países la relación simbiótica entre grupos económicos dominantes –agroexportadores y comerciales– y gobiernos, y el legado de corrupción de la colonia, los métodos represivos utilizados históricamente para asegurar la disponibilidad de mano de obra contribuyeron a la consolidación de sistemas políticos autoritarios y no participativos (CEPAL, 1992: 10-11).

1.2. Las variantes del capitalismo agrario-exportador

Pese a las similitudes en su funcionamiento general, desde su surgimiento hasta su consolidación y desaparición definitiva, el capitalismo agrario-exportador centroamericano nunca fue homogéneo ya que se estructuró de acuerdo con las características específicas de cada uno de los países. Visto en perspectiva histórica-comparativa, y tomando en consideración el tipo de estructura agraria, el rol del Estado y su grado de autonomía, el papel de Estados Unidos, de las empresas transnacionales y de las élites económicas locales, se pueden distinguir tres tipos: el capitalismo agrario-estatal de Costa Rica; el capitalismo agrario-oligárquico de El Salvador y Guatemala; y el capitalismo agrario-tradicional de Honduras y Nicaragua (tabla 1).

El capitalismo agrario-exportador costarricense es la variante más diferenciada del capitalismo centroamericano y lo he denominado agrario-estatal porque muchas de sus particularidades tienen que ver con la existencia de un Estado centralizado e intervencionista con autonomía suficiente de las élites agrarias para implementar políticas redistributivas a favor de la mayoría de la población y para jugar un rol protagónico en la economía y en la sociedad. Este tipo de Estado se consolidó en la década de los cuarenta, a partir de la revolución de 1948 con el fortalecimiento de su papel en el ámbito socioeconómico y con la eliminación del Ejército Nacional, y sobre todo desde 1953, cuando la hegemonía de los sectores progresistas que buscaban profundizar el desarrollo capitalista bajo la enseña de "un desarrollo económico socialmente orientado" se impuso (Rovira Mas, 2005: 118). A partir de entonces el capitalismo costarricense tomó un sello claramente estatal que se expresó en la conformación de un sistema

Tabla 1
TIPOS DE CAPITALISMO AGRARIO-EXPORTADOR PREVALECIENTES EN CENTROAMÉRICA EN EL SIGLO XX

	Estructura agraria	**Principal sector de acumulación de capital y principal destino de la producción**	**Grado de control de las élites agrarias de la cadena agroindustrial del café**	**Intervención del Estado en el ámbito económico-social**	**Autonomía del Estado de las élites agrarias**	**Grado de presencia de Estados Unidos y/o de las empresas transnacionales en la conducción de las economías**	**Tipo de capitalismo**
Costa Rica	Poco concentrada y no polarizada	Agricultura/ Mercados internacionales	Parcial	Alta	Alta	Baja	Agrario-estatal
El Salvador	Concentrada y polarizada	Agricultura/ Mercados internacionales	Total	Baja	Baja	Baja	Agrario-oligárquico
Guatemala	Concentrada y polarizada	Agricultura/ Mercados internacionales	Total	Baja	Baja	Media	Agrario-oligárquico
Honduras	Poco concentrada y no polarizada	Agricultura/ Mercados internacionales	Parcial	Baja	Alta	Alta	Agrario-tradicional
Nicaragua	Concentrada y polarizada	Agricultura/ Mercados internacionales	Parcial	Baja	Alta	Alta	Agrario-tradicional

Fuente: Elaboración propia.

de protección y seguridad de carácter universal[12] y en la construcción de una economía fuertemente intervenida por el Estado, quien asumió un papel rector y participó directamente en la producción de bienes y servicios y a través de la nacionalización del sistema financiero influyó en el proceso de acumulación de capital mediante el control del crédito el cual a diferencia del resto de países centroamericanos no sólo fue dirigido a los sectores agroexportadores, sino también a los pequeños y medianos productores. De esta manera el Estado costarricense se convirtió en un poderoso jugador en el ámbito económico y en el elemento cohesionador de la sociedad.

La existencia en Costa Rica de este tipo de Estado tiene directamente que ver con el sistema político democrático, moderno y consistente, construido de manera temprana en ese país, el cual estaba plenamente consolidado desde mediados del siglo XX (Acuña, 2018: 250), que permitió la construcción de un Estado democrático donde sectores profesionales y políticos tenían una incidencia importante y servían de contrapeso a las élites económicas. En efecto, el nacimiento del Estado intervencionista en Costa Rica se asocia con una ampliación de las élites en el sentido de que la oligarquía cafetalera se vio obligada a compartir el poder con nuevos sectores emergentes y al protagonismo de los sectores medios, tanto los existentes de pequeños y medianos productores rurales y urbanos, como de los nuevos creados al calor del Estado intervencionista (Acuña, 2018: 270-271). De este modo, en Costa Rica se abrió la posibilidad de construir un tipo de capitalismo más inclusivo socialmente, con un Estado más democrático y menos desarrollado en la parte militar.

Como puede apreciarse, el capitalismo agrario-exportador de Costa Rica fue distinto porque el desarrollo democrático temprano permitió construir un Estado democrático con suficiente autonomía para construir modelos de redistribución basados en el universalismo.

---

12. Como ha expresado Acuña, lo peculiar del Estado costarricense fue que a lo largo de este periodo aplicó consistentemente políticas de redistribución, bajo la forma de salarios crecientes y la creación de un salario social, expresado en servicios de educación y seguridad social para el conjunto de la población. Este estado del bienestar fue acompañado –y en parte resultado de– por el establecimiento de un régimen democrático efectivo (Acuña, 2018: 270).

Por ello no es casualidad que a lo largo del siglo XX, sólo el capitalismo agrario-estatal costarricense fue capaz de producir desarrollo social para la mayoría de la población y de apuntalar la democracia y convivir con ella, pese a que los niveles de concentración del ingreso y de la riqueza eran elevados.[13]

Además de su carácter estatal, la forma distinta que asumió el capitalismo agrario en Costa Rica tiene que ver con otras características propias del desarrollo histórico de ese país, particularmente con el hecho de que el proceso reformista que culminó con la inserción internacional mediante la exportación de café –cuya primera exportación se remonta a la década de 1830– fue gradual, comenzó mucho antes que en el resto de países y se realizó sobre la base de una estructura agraria menos desigual y menos polarizada, fundamentada en la pequeña propiedad de la tierra. En esta estructura agraria el trabajo familiar fue fundamental y lejos de ser excluyente respecto del trabajo a jornal, se combinó y complementó con él en forma permanente o estacional (Samper, 2003: 101). Por otra parte, la existencia de la pequeña propiedad evitó que las élites agrarias tradicionales tomaran el control de la producción cafetalera y las obligó a concentrarse en las fases de procesamiento y comercialización del grano[14] (Sojo, 2010). Esto explica en buena medida por qué en Costa Rica el poder y la riqueza de la clase dominante no estaban fundados solamente en la posesión de haciendas, sino principalmente en el aspecto comercial de la producción de café, y en concreto en el financiamiento,

13. De acuerdo con un estudio de CEPAL (1976), la concentración del ingreso medida por el índice de Gini era de 0.52 en Costa Rica en los años cincuenta (CEPAL, 1976: 42). El mismo estudio señala que en el período 1961-1971 el índice de Gini se redujo hasta un 0.44 y la participación de los dos deciles inferiores y del decil superior se contrajo de 6.0% a 5.4% y de 46.0% a 34.4%, respectivamente, mientras que los tramos intermedios aumentaron su participación de 42.0 a 60.2 lo cual benefició la distribución del ingreso (CEPAL, 1976: 44).

14. Mahoney afirma que los liberales costarricenses no mostraron preferencia alguna por los grandes latifundios, e incluso promovieron activamente la posesión de pequeñas parcelas, alentando su uso productivo, para lo cual los precios de la tierra se pusieron más al alcance de los pequeños campesinos y el proceso burocrático de adquisición de tierra fue menos tedioso (Mahoney, 2002: 143).

procesamiento y distribución de la cosecha. Este rasgo resultó crucial para asegurar una mayor inclusión social ya que por una parte permitió que los beneficios de la expansión cafetalera se distribuyeran de mejor manera; y por otra, posibilitó construir una sociedad democrática y más cohesionada. De hecho, la mejor distribución de la tierra y del control de la producción cafetalera por parte de pequeños y medianos propietarios, sumado a la existencia del Estado social y del aumento del empleo público propiciaron que el capitalismo agrario costarricense generara procesos de movilidad social ascendente que se tradujeron en el surgimiento de una importante clase media que se convirtió en un contrapeso al poder empresarial dentro y fuera del Estado,[15] lo que a su vez fortaleció la autonomía de este último y consolido la democracia.

Por otra parte, debido a que el proceso de transformación de la agricultura comercial y de exportación fue gradual y menos radical que en el resto de los países, Costa Rica evitó que el Estado en general, y el Ejército en particular recurriera a métodos coactivos y represivos como fue el caso en el resto de la región.[16] Contribuyó también el hecho de ser una provincia pobre, con poca población[17] y alejada de la Capitanía General de Guatemala, lo cual le permitió a Costa Rica no verse tan involucrada como el resto de los países en las guerras que se registraron en la región en el período posterior a la independencia, y por tanto le posibilitó dedicar los pocos recursos públicos al desarrollo de actividades más productivas y no a los esfuerzos bélicos.

15. En opinión de algunos autores, el período en el que ocurrió el proceso de ascenso social que provocó la expansión de la clase media abarca desde finales de los años cuarenta hasta inicios de la crisis de los ochenta del siglo pasado (Sojo, 2010).

16. De acuerdo con Mahoney (2002), en Costa Rica –y Honduras– la ausencia relativa de amenazas políticas desalentó a los reformadores de hacer de la expansión militar la razón de ser del Estado, favoreciendo en cambio que estos líderes siguieran una opción de política de reforma en el sector agrícola (Mahoney, 2002: 147).

17. En 1870 la población estimada de Costa Rica rondaba las 137,000 personas, la menor de Centroamérica (Bértola y Ocampo, 2013: 68, cuadro 2.1).

Como resultado de estos procesos, el capitalismo agrario-estatal costarricense contó desde el mismo inicio con una burguesía agrícola con poder político significativo que sirvió de contrapeso a las élites agrarias, quienes si bien tuvieron una influencia importante en la construcción y formas de intervención del Estado, su control no fue hegemónico ni permanente como en el resto de los países. Conviene señalar además que la influencia de las empresas transnacionales en Costa Rica fue menor que otros países debido a que la inversión extranjera en la agroindustria del banano ocurrió tardíamente, por lo que al consolidarse el enclave bananero las élites locales ya dominaban la economía nacional (Fumero Vargas, 2004). De acuerdo con esta autora, el hecho de que la economía local estuviera disociada de la industria bananera es lo que explica que en el caso de Costa Rica la industria del banano no produjera hondas transformaciones como en otros países (Fumero Vargas, 2004: 9).

En el extremo opuesto de la variante costarricense se encuentra el capitalismo de El Salvador y Guatemala que he denominado agrario-oligárquico debido a que estaba fundamentado sobre una estructura agraria altamente concentrada y polarizada en la que predominaban las grandes propiedades pertenecientes a grupos económicos familiares, quienes además tenían el control de todas las fases de la cadena agroindustrial del café –producción, transformación, comercialización y exportación– y ejercían una influencia decisiva sobre los Estados que se caracterizaban por su alto nivel de centralización. En estos dos casos las élites agrarias controlaban además el sistema bancario y, consecuentemente, la distribución del excedente financiero que en su mayor parte era dirigido al financiamiento de las actividades agroexportadoras. Dada la feroz oposición de las élites salvadoreñas y guatemaltecas a la redistribución y a la intervención del Estado en la economía y en el ámbito social, y ante la ausencia de democracia, el capitalismo en estos países no contó con mecanismos redistributivos efectivos, lo que sumado a la existencia de salarios bajos impidió la movilidad social ascendente y provocó una elevada concentración de la riqueza y el poder en pocas manos sin precedentes en América Latina. Por ello, esta variedad de capitalismo no generó desarrollo social como el costarricense y fue incapaz de apuntalar la democracia ya que ante la existencia de una estructura agraria y social sumamente polarizada y desigual requirió el uso permanente de la fuerza para mantener el orden social. De hecho, su funcionamiento generó una profunda desigualdad socioeconómica en la que la mayoría de la población padeció pobreza y exclusión mientras una minoría privilegiada acaparaba los principales beneficios del crecimiento económico y de las políticas estatales. En tales circunstancias, la posibilidad de compatibilizar capitalismo con el desarrollo social y la democracia simplemente no existía.

En El Salvador, la variante del capitalismo agrario-exportador se caracterizó por el control casi absoluto que tuvo la élite agraria sobre la economía y sobre el Estado, lo cual tiene que ver con la extrema concentración del poder económico y político que dichas élites detentaban, con la ausencia en el país de enclaves bananeros y mineros, así como con el hecho de que la inversión extranjera nunca fue muy alta (Menjívar, 1990; Avancso, 1990).[18] De hecho, el proceso de diversificación productiva de las décadas de 1960 y 1970 no disminuyó el poder de la élite agraria salvadoreña ya que fueron ellos –solos o en alianza con empresas transnacionales–, los que se expandieron a otras actividades agrícolas y a otros sectores como el industrial y la construcción. Por otra parte, la escasez de tierras y su concentración en pocas manos provocó una mayor proletarización de la fuerza laboral agrícola que en los países vecinos.

En Guatemala, por el contrario, las élites económicas si bien eran poderosas e influyentes, tuvieron que competir con las empresas transnacionales por el control de la economía y del Estado, con la particularidad adicional de que estaba más conectada al campo y menos diversificada que en otros países vecinos (Sánchez-Ancochea y Martínez Franzoni, 2015: 30). Además, en este país la economía de exportación reflejaba las estructuras clasistas extremadamente polarizadas en las que los terratenientes controlaban a gran parte de los campesinos residentes –en su mayoría indígenas– que trabajaban en las plantaciones mediante un sistema semifeudal de obligación deuda-trabajo (Mahoney, 2002: 148-149), a diferencia de El Salvador

18. No fue hasta la segunda mitad del siglo XX, como resultado del proceso de industrialización que las empresas transnacionales comenzaron a tener presencia importante en el país, principalmente en la industria y en los servicios.

donde la producción fue más capitalista desde el principio, generando una élite más independiente.

Por último se encuentra el capitalismo de Honduras y Nicaragua, que he denominado capitalismo agrario-tradicional por ser el más tardío y el menos desarrollado, lo cual tiene que ver, por una parte, con la intervención directa de Estados Unidos en el caso de Nicaragua[19] y con el control de las empresas transnacionales de ese país en el caso de Honduras; y por otra, con los problemas que enfrentaron dichos países en el proceso de formación de sus Estados en parte por la influencia estadounidense–,[20] lo cual retrasó su constitución y su centralización y actuó en contra de su fortalecimiento institucional. Estos procesos, sumados a las particularidades de las sociedades impidieron en ambos países el desarrollo de una élite agraria con suficiente capacidad para desarrollar la economía agroexportadora y para influir significativamente en el Estado. En suma, tanto en Honduras como en Nicaragua la intervención económica y política de Estados Unidos provocó que la transformación liberal fuera abortada (Mahoney, 2002).

En el caso de Honduras el tránsito hacia el capitalismo fue diferente al resto de países ya que no se realizó a través del café, sino de la minería y posteriormente del banano, actividades que eran controladas por empresas transnacionales estadounidenses[21] (Fumero Vargas,

19. Estados Unidos ocupó Nicaragua desde 1912 hasta 1933, con una breve interrupción entre 1927 y 1928.

20. Fumero Vargas argumenta que el proceso de creación del Estado-nación en Honduras se fortaleció sobre todo a partir de una fuerte dependencia de inversionistas extranjeros, en especial estadounidenses, que en el mediano plazo minaron la capacidad de consolidar un Estado soberano (Fumero Vargas, 2004: 7). En el caso de Nicaragua, Acuña (2018) afirma que la dinámica interna, la dinámica política centroamericana y la geopolítica global en la región del Caribe y de América Central conspiraron contra la formación del Estado en ese país.

21. Para principios del siglo XX la Tela Railroad Co. (subsidiaria de la United Fruit Co.) poseía un total de 400 mil acres, de los cuales cultivaba 87,800 –tres veces la extensión de sus cultivos en Colombia y Panamá–; para entonces la costa norte hondureña estaba prácticamente ocupada por tres empresas fruteras y consiguientemente, las formas de gobierno giraron en torno al enclave (Avancso, 1990: 4-5).

2004). Las implicaciones del control del capital extranjero de la economía bananera fueron enormes, ya que por una parte condujo a una pérdida importante de la soberanía nacional que socavó el desarrollo institucional del país (Mahoney, 2002); y por otra, retrasó la modernización económica y el desarrollo agroexportador ya que la presencia de las empresas transnacionales y su enorme control sobre el Estado restaron incentivos para que los empresarios locales incursionaran en los nuevos rubros dinámicos como el café y el algodón. La excepción fue la ganadería de carne que tuvo un dinamismo comparable en términos regionales a fines de la década de 1970 (Vilas, 1988: 48). En términos políticos, el enclave bananero obstaculizó la consolidación de una élite económica fuerte y autónoma como la que se desarrolló en El Salvador y Guatemala y condenó a las élites agrarias a una relación de subordinación respecto de las empresas estadounidenses, lo que explica en parte en parte su menor influencia sobre el Estado y sobre los militares. De acuerdo con (Mahoney, 2002), la clase económica dominante de Honduras carecía de las dos fuentes tradicionales de poder ejercidas típicamente por las élites económicas en Centroamérica: el control sobre la tierra y la influencia en la política interna. Este mismo autor señala que la élite hondureña, se bifurcó en una élite económica compuesta por actores comercial-mercantiles (no élites terratenientes) establecidas cerca de San Pedro Sula, en la zona bananera del norte,[22] y en una élite política, conformada por los políticos de Tegucigalpa que se hallaban al margen de la clase dominante y de la economía bananera (Mahoney, 2002: 150-151). Debido a la poca influencia sobre el Estado y a su débil posición comercial, la élite hondureña no estuvo en medio de ningún conflicto de clase, con campesinos o trabajadores en el enclave, lo cual implicó que en Honduras el antagonismo de clase se centrara principalmente en la distribución del ingreso en vez de concentrarse en los aspectos meramente políticos[23] (Fumero Vargas, 2004: 7). Conviene señalar

22. En efecto, el dinamismo económico generado por las bananeras en la costa norte facilitó la progresiva transformación de grupos de comerciantes inmigrados del Medio Oriente en núcleo de una burguesía industrial y financiera, convirtiendo a San Pedro Sula en capital económica del país.

23. De acuerdo con Mahoney (2002), las huelgas y revueltas de los trabajadores de las plantaciones de plátano eran muy comunes en Honduras

además que la estructura agraria de Honduras era menos concentrada y polarizada que la prevaleciente en Nicaragua, El Salvador y Guatemala, en parte debido a la existencia de pequeñas propiedades y a los repartos de tierras implementados en la década de los sesenta y setenta por los gobiernos militares (sección 1.3).

Nicaragua, por su parte, fue un caso tardío en el proceso de formación del Estado y de la economía agroexportadora y fue un protectorado de Estados Unidos en el periodo 1912-1933 (Acuña, 2018: 250), lo cual, al igual que en Honduras, impidió la formación del Estado, que durante el período de ocupación fue utilizado por Estados Unidos para asegurar la permanencia en el poder de gobiernos afines y para resguardar los intereses de los inversionistas estadounidenses en el país. La intervención estadounidense también impidió el desarrollo de una economía agroexportadora y el surgimiento de una élite agraria (cafetalera) fuerte y autónoma como en El Salvador y Guatemala. Ante la ausencia de un desarrollo agroexportador impulsado por una élite local, por un buen tiempo el nexo principal de Nicaragua con el mercado internacional fue la exportación de oro y plata; sin embargo, el impacto de esta actividad en la sociedad fue más bien escaso, ya fuera porque se explotaba clandestinamente o porque estaba en manos de extranjeros (Avancso, 1990: 4). En suma, en el caso de Nicaragua perseveró por mucho tiempo un sistema de carácter extractivo dominado por la familia Somoza, con poca capacidad de desarrollar un modelo económico dinámico e independiente, y con élites tradicionales muy divididas (Sánchez-Ancochea y Martínez Franzoni, 2015: 30-31). Finalmente conviene señalar que en el caso de Nicaragua la estructura agraria era altamente concentrada y polarizada, pareciéndose más a la prevaleciente en El Salvador y Guatemala.

---

durante los años veinte y eran dirigidas contra las compañías estadounidenses, no contra los políticos hondureños o los capitalistas locales.

1.3. Los intentos de transformación del capitalismo agrario-exportador y sus consecuencias

A lo largo del siglo XX –sobre todo después de la gran depresión de inicios de los años 1930– hubo intentos importantes de modificar estructuralmente el capitalismo agrario a través de la modernización y transformación del modelo agroexportador tradicional en prácticamente todos los países. Las razones principales que los motivaron fueron básicamente tres: reducir la extrema volatilidad de las economías derivada de su alta dependencia de las exportaciones de productos primarios cuyos precios internacionales fluctuaban constantemente; diversificar y modernizar la estructura productiva mediante la industrialización; y corregir las graves desigualdades sociales generadas por la existencia de estructuras agrarias concentradas y polarizadas y salarios bajos y por la ausencia de políticas fiscales y sociales redistributivas. Para ello las fuerzas reformistas intentaron incidir en tres áreas básicas: el nivel de los impuestos, la participación del sector público en la economía y la estructura de propiedad de la tierra (Cohen y Rosenthal, 1983: 21-22).

La oportunidad política más clara para intentar cambios en el *statu quo* se presentó en la década de los cuarenta, especialmente en los años 1944-1948, período en el cual tuvieron lugar las llamadas revoluciones de la posguerra en cuatro países de la región –Costa Rica, El Salvador, Guatemala y Honduras– que pusieron fin a los caudillos militares[24] y abrieron la posibilidad de realizar cambios estructurales relevantes.[25] El caso más exitoso fue Costa Rica, país

24. En 1944 ocurrió el derrocamiento de los dictadores Jorge Ubico en Guatemala y de Maximiliano Hernández Martínez en El Salvador. Además, en Honduras las protestas terminaron con el gobierno del dictador Tiburcio Carías Andino.

25. De acuerdo con Torres-Rivas (1970) a partir de 1945 se inicia la crisis política de la llamada república liberal en la que se intenta modificar el orden político anterior basado en formas autoritarias y exclusivistas de gobierno. Los actores principales fueron las capas medias urbanas, que mediante la manipulación del descontento social derivado del estancamiento

que a lo largo de la década de los cuarenta registró un proceso reformista que fortaleció el papel del Estado en la economía y en la sociedad[26] y que fue profundizado y ampliado en las siguientes décadas a raíz de la revolución de 1948.[27] Como resultado de este proceso se construyó un Estado social que en el transcurso de la segunda mitad del siglo XX fue capaz de instaurar un sistema de protección y seguridad social que convirtió a Costa Rica en "el caso más cercano a un embrionario estado social universalista e igualitario e incluso a un estado del bienestar democrático en América Latina" (Filgueira, 2005: 19); además se implementó una política salarial que aseguró un crecimiento real de los salarios. En el ámbito político el proceso reformista posibilitó la emergencia de nuevos actores sociales y políticos y el crecimiento de las clases medias, todo lo cual fortaleció la competencia política democrática y, a partir de 1953, posibilitó la hegemonía de los sectores progresistas que a partir del control del Estado impulsaron el desarrollo capitalista con un marcado sello social.

Como puede verse, el proceso reformista de Costa Rica fue posible porque a diferencia del resto de países centroamericanos el Estado tenía suficiente autonomía de las élites económicas, las cuales pese a estar en contra de la mayoría de las reformas no tenían la correlación

---

económico presionaron por una apertura del sistema político y para asegurarse nuevas formas de participación social (Torres-Rivas, 1970: 490).

26. En 1940, bajo la administración de Rafael Ángel Calderón Guardia (1940-1944) se fundó la Universidad de Costa Rica (UCR); en 1941 se creó la Caja Costarricense de Seguridad Social (CCSS); en 1942 se incorporó un capítulo de garantías sociales en la Constitución que introdujo derechos a los trabajadores como el salario mínimo, el establecimiento de ocho horas de trabajo diarias, y el derecho a la huelga; y en 1943 se aprobó un nuevo Código de Trabajo.

27. La coalición reformista de la Administración Calderón y el Partido Comunista enfrentó una fuerte oposición por parte de un segmento de la élite en alianza con grupos emergentes socialdemócratas y culminó en una corta guerra civil en los meses de marzo y abril de 1948, en la que los reformistas fueron derrotados; pese a ello, las reformas progresistas continuaron y se aceleraron durante las siguientes décadas gracias al apoyo de una nueva élite socialdemócrata aglutinada en el Partido de Liberación Nacional (PLN) liderada por José Figueres Ferrer.

de fuerzas requeridas para detenerlas. De esta manera en Costa Rica se consolidó el tipo de capitalismo agrario-estatal que se venía configurando en ese país desde el inicio de su inserción a los mercados internacionales a través del café y posibilitó un notable desarrollo social, particularmente en las áreas de educación y salud casi sin ningún paralelo en América Latina (Sánchez-Ancochea, 2009).

En Guatemala, en el período 1944-1954 –conocido como la primavera democrática– los gobiernos progresistas y nacionalistas encabezados por Juan José Arévalo y Jacobo Arbenz intentaron modernizar y transformar el capitalismo agrario mediante la implementación de un ambicioso programa de reformas que incluía la reforma agraria, la nacionalización de empresas extranjeras, reformas laborales y una mayor participación del Estado en el área social. Con tales fines en esos años se crearon el Ministerio de Salud Pública y Asistencia Social y el Instituto Guatemalteco de Seguridad Social, se estableció el voto para las personas analfabetas y se lanzaron políticas de alfabetización, principalmente dirigidas a la población indígena y campesina (Torres-Rivas, 1998). En la década de los cuarenta, a raíz de la promulgación de la Constitución de 1945, se abolió la Ley contra la Vagancia y se aprobó el Código de Trabajo que incluía la creación de sindicatos, la celebración de convenios colectivos de trabajo y la legalización de las huelgas como medio de lucha de los trabajadores (Gutiérrez, 1990). Este proceso se fortaleció con la reforma agraria promulgada en 1952,[28] en la cual quedó abolida la servidumbre y los pagos en especie; políticas que anteriormente habían sido incorporadas en la Constitución de 1945 (Gutiérrez, 1990).

Desafortunadamente, el intento de modernización capitalista guatemalteco fracasó debido a la oposición férrea de Estados Unidos, de las empresas transnacionales de ese país –particularmente la UFCO– y de las élites agrarias, quienes vieron amenazados sus intereses económicos e interpretaron el intento reformista como una estrategia

28. En dos años de vigencia se expropiaron 500 mil hectáreas de tierra ociosa (de las cuales 150 mil pertenecían a la United Fruit Co.), que fueron repartidas a más de 100 mil campesinos a los cuales se otorgó US$18 millones en créditos (Avancso, 1990: 7).

del comunismo internacional para apoderarse de Guatemala.[29] El ensayo reformista terminó abruptamente en 1954 con el golpe de Estado patrocinado por Estados Unidos a través de la Agencia Central de Inteligencia (CIA) contra el presidente Jacobo Arbenz y en el que participó además una coalición conservadora integrada por la oligarquía, las clases medias altas, los militares y la Iglesia (Torres-Rivas, 1998). El triunfo de dicha coalición se reflejó en la contrarreforma social y laboral de las décadas posteriores que revirtió y/o neutralizó todas las reformas, incluyendo los esfuerzos realizados en el ámbito educativo y pospuso indefinidamente la solución del problema de la tierra. En el campo laboral, la contrarrevolución modificó el Código de Trabajo y procedió al desmantelamiento de las entidades opositoras, particularmente los sindicatos obreros y los organismos campesinos (PNUD, 2010).[30] A partir de 1962, el conflicto entre defensores y detractores de la modernización ocurrida entre 1945 y 1954 inició un conflicto armado que se prolongaría durante más de tres décadas (Martínez Franzoni, 2008) y el término "reforma agraria" se convertirá en un tabú social y político en Guatemala (Fradejas, 2014: 98).

El fracaso de la modernización capitalista guatemalteca tuvo profundas implicaciones no sólo para Guatemala, sino también para el resto de Centroamérica, ya que el derrocamiento del gobierno de

29. Schoultz (1998) afirma que el Departamento de Estado a pesar de no contar evidencia sobre los supuestos vínculos del gobierno de Arbenz con Moscú y de reconocer la naturaleza reformista del mismo, consideraba que existía una influencia velada de los comunistas guatemaltecos en el Gobierno, con la consecuente amenaza que esto implicaría para otras naciones. Por ello, y más allá de los vínculos que existían entre el personal de alto nivel de la administración Eisenhower y la United Fruit Company, el problema real era la percepción del comunismo, por lo que América Latina "fue conceptualizada hasta el fin de la Guerra Fría –como una fila de dominó cuya inmadurez política la hacía fácil presa de un golpe comunista" (Schoultz 1998: 338).

30. El 10 de agosto de 1954 el gobierno militar consagró en la ley la disolución del movimiento sindical y la persecución desatada desde ese entonces contra el movimiento social y sindical los llevó al borde de la extinción, la cual en la década de los 1980 alcanzó nuevas dimensiones y se basó esencialmente en la persecución, desaparecimiento mediante secuestros, ejecuciones extrajudiciales y criminalización de las y los líderes del movimiento sindical (Solórzano, 1979; Gutiérrez, 1990).

Arbenz no sólo abortó la denominada Revolución de Octubre, sino que también clausuró por largo tiempo la alternativa democrática que de manera incipiente se había abierto para la mayoría de los países centroamericanos (Rovira Mas, 2005: 100-101).

En El Salvador las presiones populares que culminaron con el derrocamiento de Maximiliano Hernández Martínez en 1944 obligaron a los gobiernos militares siguientes a llevar adelante algunas reformas sociales, incluyendo la realización de esfuerzos para mejorar y ampliar la cobertura de la educación. La estrategia desarrollista impulsada por los militares consistió en un incremento importante en la inversión del sector público en los cincuenta e inicios de los sesenta, sobre todo en carreteras, represas y alumbrado eléctrico (Bulmer-Thomas, 1987: 123). La iniciativa reformista más importante tuvo lugar en 1975, cuando presionados por las demandas de tierra, el gobierno militar del coronel Arturo Armando Molina anunció el desarrollo de un proceso parcial de reforma agraria en la zona oriental del país el cual recibió el respaldo moderado de los industriales (Menjívar, 1980) y fue impulsado por asesores estadounidenses. Sin embargo, una campaña pública liderada por la élite agraria y coordinada por la Asociación Nacional de la Empresa Privada (ANEP) detuvo la propuesta gubernamental, lo cual exacerbó el conflicto social en el campo que en la década siguiente desembocó en una guerra civil. En la década de los setenta también se hicieron intentos por modernizar la estructura productiva mediante la diversificación de la producción agropecuaria, el fomento de la agroindustria, la normalización y control de calidad de la producción y a través de la creación de las zonas francas;[31] sin embargo todas estas reformas fueron insuficientes para modificar estructuralmente el modelo agroexportador sobre el cual se asentaba el capitalismo agrario salvadoreño y para detener la crisis político-militar que se avecinaba.

En Honduras a partir de los años sesenta y hasta los ochenta, se produjo una sucesión de gobiernos militares reformistas, que en la década de los setenta implementaron reformas agrarias destinadas a

31. Entre las medidas más importantes que se adoptaron estaba la reforma educativa, la creación del Instituto Salvadoreño de Fomento Cooperativo, la Ley de Avenamiento y Riego, así como el establecimiento de la Zona Franca de San Bartolo.

dotar de tierra a campesinos que no poseían dicho recurso, proceso que se vio facilitado por la existencia de una élite agroexportadora débil. Si bien esta política no cambió sustantivamente el modelo agroexportador tradicional,[32] tuvo efectos positivos en términos de la estructura agraria ya que la hizo menos desigual y menos polarizada;[33] además fortaleció algunos sectores medios y contribuyó a consolidar el establecimiento de una economía de subsistencia. Por otra parte, como resultado de la influencia de los sindicatos bananeros derivada de las huelgas bananeras de los años cincuenta, se implementaron importantes reformas laborales, incluyendo la promulgación del Código de Trabajo y las bases institucionales de los posteriores sistemas de seguridad social.

En Nicaragua la modernización capitalista impulsada por la dinastía Somoza en la década de los cincuenta incluyó programas de reparto de tierras (programas de reasentamiento y colonización), los cuales beneficiaron a una proporción reducida de agricultores y funcionaron básicamente como un instrumento para poner en producción tierras marginales de las que fueron rápidamente desposeídos en beneficio de terratenientes afectos al gobierno (Vilas, 1988: 55). De acuerdo con CEPAL, entre 1953 y 1979 se repartieron 7 mil hectáreas que beneficiaron a menos de 4 mil personas, esto es al 3 % del campesinado (CEPAL, 1994: 16). Por ello, estos procesos de repartos de tierra no detuvieron el proceso de concentración de la tierra ocurrido en ese país en la segunda mitad del siglo XX.[34]

---

32. Durante su primera década la reforma agraria afectó al 8% de la tierra en beneficio de 13% de las familias rurales. A pesar de estas cifras reducidas ninguna otra reforma agraria en América Latina tuvo tanto alcance antes de la reforma agraria sandinista en Nicaragua (Vilas, 2009).

33. El coeficiente de Gini de concentración del ingreso rural se redujo 16% en una década de reparto de tierras.

34. En Nicaragua, país con amplia frontera agrícola y baja densidad de población, el índice Gini de concentración de la tierra creció de 0.74 en 1950 (el más bajo de Centroamérica) a 0.81 en 1963. CEPAL, por su parte, señala que según la encuesta agropecuaria de 1952, el 65% de los campesinos con fincas menores de 7 hectáreas disponía tan sólo del 3.5% de las tierras cultivadas; en el otro extremo los grandes productores con el 1% de las fincas, concentraban el 40% de las tierras (CEPAL, 1994: 16).

A nivel regional, el intento más articulado y coherente de modificar estructuralmente el capitalismo agrario-exportador fue la implementación de un modelo económico fundamentado en el dinamismo industrial, para lo cual se promovió la industrialización mediante la industrialización sustitutiva de importaciones (ISI), en la cual los Estados centroamericanos tuvieron un rol central a través del otorgamiento de créditos bancarios y mediante proyectos específicos de infraestructura, manipulación de las tasas de cambio y políticas tarifarias (Bulmer-Thomas, 1987). El diseño original elaborado por los gobiernos del área con la colaboración de la CEPAL a principios de la década de los cincuenta era bastante avanzado para la época ya que contemplaba la integración industrial de las economías de los cinco países y la formación de mercados más amplios mediante el intercambio de productos, la coordinación de sus planes de fomento y la creación de empresas regionales en el que todos o algunos de los países tuvieran interés. Como Urquidi (1998) ha señalado, la integración industrial complementaria por medio de plantas de escala suficiente para abastecer el mercado regional o parte de él constituía el meollo del programa integracionista. Sin embargo, esta propuesta fue saboteada por los empresarios estadounidenses con intereses económicos en la región, por el gobierno de Estados Unidos que en ese momento abogaba vehementemente por un orden económico liberal basado en la libre circulación de bienes y capitales; y por las élites agrarias locales. Todos ellos consideraban que la propuesta elaborada por CEPAL atentaba contra el libre mercado e implicaba una intervención indeseada del Estado en la economía (Bulmer-Thomas, 1987; Dunkerley, 1988). Al final, se implementó una estrategia que si bien amplió el mercado regional mediante la agregación de mercados nacionales, promovió la industria ligera con poco valor agregado y aumentó el grado de industrialización de los países,[35] fue incapaz de cambiar estructuralmente el funcionamiento del capitalismo agrario ya que además de excluir la ampliación de los mercados internos mediante la modificación de la estructura agraria a través de reformas agrarias,

35. En el período 1960-1980 la tasa anual de crecimiento del sector industrial fue de 6.7% –mayor que el 5.0% registrado en la economía global– que se tradujo en un aumento del grado de industrialización del 12.3% en 1960 a 16.8% en 1980 (CEPAL, 1983: 5 y 8).

la estrategia ISI no alteró sustancialmente la dinámica de funcionamiento del modelo agroexportador debido a que tanto el financiamiento inicial para dicho proceso, así como las divisas para cubrir la demanda de importaciones de la planta industrial provinieron del sector agroexportador.

El modelo económico basado en la industrialización falló en transformar las bases de funcionamiento del capitalismo agrario-exportador y en su lugar generó una especie de modelo económico híbrido caracterizado por la coexistencia incómoda de dos modelos de desarrollo (Bulmer-Thomas, 1985) en el cual creció la importancia y la influencia de las empresas transnacionales que vinieron a la región a invertir en el sector industrial[36] y que llegaron a controlar casi las cuatro quintas partes del total de la industria manufacturera y cerca de la mitad del comercio intrarregional de manufacturas (CEPAL, 1983: 98). Sin embargo, el colapso del Mercomun en la década de los setenta condujo a intensificar el modelo agroexportador (Bulmer-Thomas, 1985: 6) y pese a la mayor presencia e influencia de las empresas transnacionales y a que algunas de ellas también incursionaron en las actividades agroexportadoras,[37] fueron las élites agrarias agroexportadoras las que continuaron hegemonizando el proceso global de acumulación y distribución en ese período, lo cual constituye una diferencia sustancial con lo ocurrido en los países grandes de América Latina, donde las empresas transnacionales vinculadas a la industria fueron las que lideraron la acumulación de capital. Ambos actores –a veces solos, a veces en alianza–[38] aprovecharon su poder

36. En el decenio de los cincuenta sólo se habían establecido en Centroamérica 47 subsidiarias de empresas transnacionales en el área industrial, mientras que en el decenio de los sesenta se establecieron 80 adicionales debido al aumento sostenido de la inversión extranjera directa en ese sector, cuya procedencia mayoritaria –alrededor del 80%– fue de los Estados Unidos (CEPAL, 1983: 98).

37. El capital extranjero se extendió a las agroindustrias de exportación, atraído por la amplia disponibilidad de ciertos recursos naturales, particularmente en azúcar, aceites vegetales y las maderas, en Honduras; las legumbres y las frutas en Guatemala, y las frutas en Costa Rica (CEPAL, 1983: 99).

38. A diferencia de la situación en los países de mayor desarrollo capitalista de América Latina, en Centroamérica en la primera mitad del siglo XX no existía una burguesía industrial importante, por lo que el conflicto posible

para beneficiarse de las políticas públicas y para construir monopolios y oligopolios en las actividades que controlaban, lo cual se tradujo en una mayor concentración del ingreso y de la riqueza.

El modelo híbrido que registró Centroamérica en los 30 años posteriores a la Segunda Guerra Mundial generó lo que la CEPAL ha denominado un desarrollo aditivo en el sentido de que la mayoría de las considerables transformaciones experimentadas por las economías de la región fueron yuxtaponiéndose a la estructura económica y social que ya existía con anterioridad (CEPAL, 1992: 3). Esta situación, sumada a la distribución desigual de los costos y beneficios del proceso integracionista, profundizó la desigualdad entre los países y al interior de estos, lo que a su vez generó serios conflictos sociales y políticos.

Las consecuencias de los fracasos reformistas para la región fueron enormes tanto en términos económicos y sociales como desde el punto de vista democrático. La más importante fue que consolidó a las élites locales y a las empresas transnacionales que controlaban los enclaves bananeros y buena parte del sector industrial como los dos actores económicos hegemónicos en la región, los cuales aprovecharon su mayor poder económico y político y su influencia en el Estado para armar un capitalismo a su medida y para consolidar su hegemonía política y social. Por el contrario, en Costa Rica, donde las reformas se implementaron efectivamente, se consolidó un capitalismo agrario más inclusivo que fue capaz de apuntalar y de convivir con la democracia. Por otra parte, la imposibilidad de modificar el capitalismo agrario por medio de estrategias reformistas, sumado a la existencia de regímenes políticos cerrados y autoritarios –sobre todo en El Salvador, Guatemala y Nicaragua– llevaron a la radicalización de grupos sociales y políticos quienes llegaron a la conclusión de que la única forma de acceder al poder y de realizar cambios estructurales era mediante la lucha armada y las revoluciones.

---

entre burguesías nacionales industrializadoras y el capital extranjero industrial que pudo haberse desarrollado a raíz de la implementación de la ISI no encontró foco alguno de reticencia, menos aún de resistencia (Rovira Mas, 2005: 135, nota 35).

1.4.
Balance global del capitalismo agrario-exportador

Existe suficiente evidencia empírica y analítica que muestra que con la notable excepción de Costa Rica en algunos aspectos, el capitalismo agrario-exportador que prevaleció en Centroamérica por cerca de un siglo fracasó rotundamente en construir economías productivas, competitivas e integradas, en generar progreso social para la mayoría de la población, en apuntalar y promover la democracia y en cuidar y preservar los recursos naturales. En su lugar, generó economías monopólicas y oligopólicas con poco o ningún control estatal, cuya competitividad se basaba en la existencia de salarios bajos y no en aumentos sostenidos de productividad. Estas economías eran dominadas por una poderosa élite económica –y en algunos países por empresas transnacionales– que a partir del control de la propiedad y uso de la tierra de las distintas fases de las cadenas agroindustriales acumularon un enorme poder económico y político que utilizaron para construir una especie de capitalismo a la carta, es decir, estructurado a su medida en función de sus intereses particulares.

En términos de crecimiento económico, el capitalismo agrario-exportador tuvo un comportamiento aceptable ya que todos los países –con excepción de Honduras que representa un caso de estancamiento en el largo plazo (Bulmer-Thomas, 1985)– registraron tasas de crecimiento superiores al 4 % en el período posterior a la Segunda Guerra

Cuadro 1
Centroamérica:
crecimiento del producto interno bruto,
1950-1980

País	Período			
	1950-1980	**1950-60**	**1960-70**	**1970-80**
Costa Rica	6.0	6.6	6.0	5.5
El Salvador	4.4	4.8	5.4	3.0
Guatemala	4.7	3.7	5.0	5.4
Honduras	4.3	2.9	4.7	5.2
Nicaragua	4.1	5.5	6.1	0.8

Elaboración propia con base en datos de la Comisión Económica para América Latina y el Caribe (CEPAL).

Mundial impulsado por el dinamismo agroexportador e industrial, lo cual se logró en un ambiente de estabilidad financiera y cambiaria. Como consecuencia, el ingreso real por habitante se duplicó prácticamente entre 1960 y 1980 (CEPAL, 1992: 4; anexo 2).

El capitalismo agrario-estatal de Costa Rica fue el más exitoso ya que creció a una tasa promedio de 6% en el período 1950-1980. En los casos de El Salvador y Nicaragua, los promedios menores están influenciados por el bajo crecimiento obtenido en la década de los setenta como resultado de la crisis política en el caso del primero y de la guerra civil que culminó con la revolución sandinista, en el segundo. Guatemala por su parte, registró un crecimiento menor que el resto de los países en la década de los cincuenta debido en parte a la crisis política e institucional generada por el golpe de Estado impulsado por Estados Unidos contra el presidente Arbenz en 1954. Como resultado del crecimiento, el PIB per cápita aumentó considerablemente, sobre todo en el caso de Costa Rica (gráfico 1). Sin embargo, el crecimiento registrado fue insuficiente para generar suficientes empleos

Gráfico 1
Centroamérica:
PIB per cápita,
1920-1980

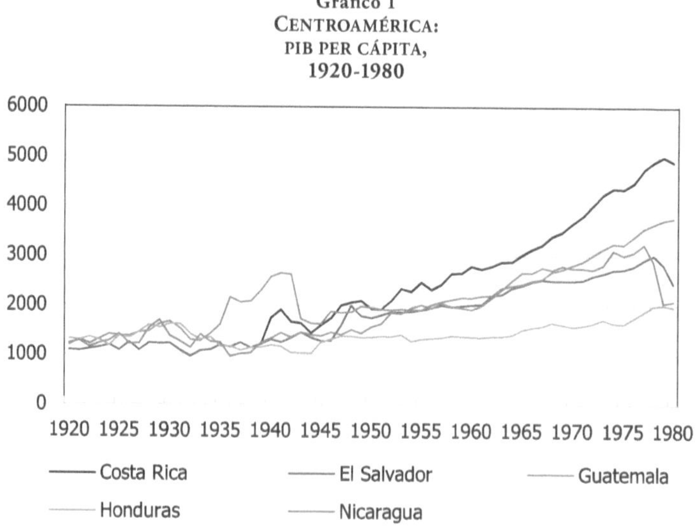

Fuente: Elaboración propia a partir de Bértola y Ocampo (2013).

Cuadro 2
CENTROAMÉRICA:
INDICADORES SOCIALES BÁSICOS,
1980

Indicadores	Costa Rica	El Salvador	Guatemala	Honduras	Nicaragua
Pobreza total (% de la población total)	25.0	68.0	63.0	67.0	62.0
Pobreza extrema (% de la población total)	14.0	51.0	31.0	56.0	35.0
Población económicamente activa cubierta por el seguro social (%)	68.7	19.7	33.1	14.4	16.8
Gasto social (como % del PIB)	16.3	6.2	4.0	7.9	4.0
Gasto social por habitante (dólares a precios de 1990)	326	68	41	45	N.D.

Fuente: CEPAL, 1998: cuadros 3 y 4; 1993: cuadros 25 y 26.

de calidad[39] lo cual alentó a buena parte de la población a emigrar en busca de empleo y de ingresos[40] y propició el aparecimiento de un amplio sector informal de baja productividad en donde la mayor parte de los trabajadores carecía de algún tipo de cobertura social.

En todo caso, lo más notable del capitalismo agrario-exportador es que el crecimiento económico y la modernización registrada en el

39. A principios de la década de 1970 la tasa de desempleo se estimaba entre 10 y 12% en Honduras, alrededor de 13% en Guatemala y El Salvador, y casi 19% en Nicaragua. Hacia 1980 la subutilización total de fuerza de trabajo representaba más de 42% de la PEA en Honduras y en El Salvador, más de un tercio en Guatemala, y más de un quinto en Nicaragua (PREALC, 1986: 62).

40. Debido a su estrechez territorial y a la alta concentración de la propiedad de la tierra, El Salvador fue el país que registró desde muy temprano del siglo XX fuertes movimientos migratorios permanentes y estacionales, particularmente hacia Honduras, Nicaragua y Guatemala. En la década de los treinta se estima que entre 25 mil y 30 mil salvadoreños emigraron a Honduras de forma permanente, cantidad que aumentó hasta 350 mil en la década de 1960.

período posterior a la Segunda Guerra Mundial en la mayoría de países no se tradujeron en un mejoramiento sostenido y generalizado de las condiciones de vida de la población ni en una mejor distribución del ingreso, aunque algunos indicadores sociales mejoraron considerablemente con respecto a la primera mitad del siglo (Bulmer-Thomas, 1985: 18) debido al aumento del gasto social ocurrido en ese período. Por el contrario, dichos procesos fueron acompañados de un deterioro de las condiciones de vida de la población, particularmente de la población rural debido a la caída de los salarios agrícolas reales,[41] a la disminución de las tierras disponibles para los cultivos de granos básicos producto de la expansión de los nuevos cultivos de exportación –particularmente el algodón–, y a la insuficiencia de la inversión pública en el ámbito social, todo lo cual reforzó las desigualdades económicas y sociales, lo que a su vez se tradujo en una mayor polarización social y política. De este modo, uno de los procesos de crecimiento capitalista más sostenidos de la posguerra generó una de las situaciones más generalizadas y agudas de empobrecimiento (Vilas, 1988), lo cual muestra el vínculo directo que existió entre el funcionamiento del capitalismo agrario-exportador, la persistencia y profundización de la pobreza y la desigualdad y la persistencia del conflicto social. En este sentido, fue el cambio y no el estancamiento lo que estuvo detrás de la crisis social y política de los años ochenta (Bulmer-Thomas, 1985).

Como puede apreciarse en el cuadro 2, solamente el capitalismo agrario-estatal de Costa Rica fue exitoso en generar desarrollo social gracias a la existencia de un Estado social y democrático que introdujo mecanismos redistributivos permanentes de alcance universal, que a la larga se tradujeron en una disminución sostenida de la pobreza y en un mejoramiento notable de los indicadores sociales. La existencia del Estado social costarricense se evidencia en el nivel de gasto público, el cual en 1980 alcanzó el 16.3% como proporción del PIB.[42] El mayor

41. A fines de la década de 1970 el salario mínimo en la agricultura de Guatemala era 60% más bajo, en valores reales, que al comienzo del decenio, 24% más bajo en Honduras, y 17% más bajo en Nicaragua, mientras se mantuvo estable en El Salvador y creció a más del doble en Costa Rica.

42. El aumento del gasto social fue particularmente elevado en educación y salud. Entre 1950 y 1980 el gasto en educación como porcentaje del PIB

gasto social efectuado por el Estado posibilitó la construcción bastante temprana de un sistema de protección social de cobertura universal, lo cual contrasta con lo ocurrido en el resto de los países centroamericanos donde prevalecieron arreglos elitistas que beneficiaron a muy pocas personas (Martínez Franzoni, 2008). En Costa Rica el costo de las intervenciones estatales en el ámbito social fue considerable en términos fiscales y de cierta ineficiencia gubernamental, pero fue la inversión que finalmente determinó el éxito social y democrático de ese país. En el resto de los países la pobreza total se mantuvo en niveles superiores al 60% y la extrema entre un 35% y un 56%, lo cual tiene que ver con los pocos recursos dedicados al área social y con la existencia de salarios bajos.

Además de producir pobreza, el capitalismo agrario-exportador provocó una fuerte concentración del ingreso y de la riqueza en pocas manos. En el caso de Guatemala y Costa Rica, el ingreso real por habitante del 20% más pobre de la población registró una disminución y hacia 1980 el 20% de la población más pobre disponía de menos del 4% del ingreso nacional mientras, en el otro extremo, el 20% de los grupos de mayores ingresos obtenían más del 55% (CEPAL, 1992: 15-16). Hubo así un proceso de producción de pobreza tanto como de producción de riqueza, y la modernización de la economía capitalista –incorporación de nuevas técnicas de producción, nuevas modalidades de organización de los factores, desarrollo de infraestructura, ampliación de las relaciones de mercado, desarrollo de la intermediación financiera– no modificó, sino que profundizó la desigualdad. Como ha señalado CEPAL (1976), los avances logrados debido a políticas deliberadas de los gobiernos y a la elevación relativa de los niveles de ingreso no atenuaron la desigualdad básica y en ciertos casos la hicieron más evidente (CEPAL; 1976: 5). Asimismo, debido a la imposibilidad de llevar adelante reformas agrarias, la concentración de la tierra siguió siendo elevada aun en Costa Rica.[43]

---

se incrementó de 1.5% a 6.2% y el gasto en salud aumentó de 6.5% a 8.7% (Sánchez-Ancochea, 2009).

43. Según Llaguno *et al.* (2014), en Costa Rica desde la segunda mitad del siglo XX se aceleró el proceso de concentración de la propiedad que produjo un creciente campesinado sin tierra en algunas regiones, tendencia que se consolida y expande a partir de las políticas macroeconómicas de

Por último, es importante señalar el carácter depredador del medio ambiente y de los recursos naturales del capitalismo agrario-exportador. Si bien esta característica es común al capitalismo latinoamericano[44] en el caso centroamericano cobró dimensiones mayores, sobre todo en términos de la deforestación (Bértola y Ocampo, 2013: 44). En efecto, la expansión de la agricultura de exportación, principalmente algodón y ganadería, se desarrolló a expensas de los bosques de la región, conduciendo a una de las más altas tasas de deforestación en el mundo (Acevedo, 1994). De acuerdo con este autor desde 1960 han sido destruidos más de dos tercios de los bosques lluviosos de baja montaña así como los bosques de árboles de hoja ancha de las tierras bajas de Centroamérica, los cuales constituían la reserva botánica más importante de tales especímenes al norte de la cuenca amazónica. Asimismo, el efecto combinado de la expansión algodonera y ganadera provocó la destrucción de todos los bosques de madera dura de las planicies de la costa del Pacífico y en las sabanas costeras, vastas extensiones de coníferas y grandes áreas de manglares también fueron devastadas (Acevedo, 1994). De esta manera, entre 1950 y 1970 el uso de la tierra en pasturas, en el conjunto de la región, pasó del 31.1% al 43.4% del total, mientras que el uso forestal declinó de 45.4% a 23.4%; asimismo el avance del frente ganadero y de la frontera agrícola se desplazó hacia las zonas más húmedas y con mayor cobertura forestal, provocando elevadas tasas de deforestación

---

la década de 1980, lo cual habría favorecido la extensión de la lucha por la tierra como una de las principales vías para lograr la supervivencia y reproducción de la vida campesina y que obligaron al Estado costarricense a distribuir tierras en todo el territorio (Llaguno *et al.*, 2014: 38).

44. Como ha sido señalado por Bértola y Ocampo, durante la etapa de desarrollo primario-exportador, el entorno fue transformado por la expansión de los cultivos de exportación, la deforestación de amplias zonas, la construcción de ciudades, el desarrollo de los ferrocarriles y caminos, la ampliación y diversificación de las actividades mineras, así como la explotación de nuevas regiones ricas en diferentes tipos de recursos naturales. Durante el periodo de industrialización dirigida, las principales transformaciones del entorno tuvieron que ver con la urbanización, la industrialización y la difusión de la electrificación como insumo para facilitarla, la construcción de carreteras y la fuerte expansión de la frontera agraria (Bértola y Ocampo, 2013: 43).

en las décadas de los setenta y ochenta que se estiman entre 324 mil y 431 mil hectáreas por año (Comisión Centroamericana de Ambiente y Desarrollo, 1998). Por otra parte, las crecientes aplicaciones de agroquímicos (fertilizantes, herbicidas, plaguicidas) sobre todo en el algodón crearon problemas de contaminación en las áreas de cultivo, y de desertificación de suelos y el consumo centroamericano de fertilizantes se quintuplicó entre principios de los años sesenta y mediados de los setenta.

II.
El capitalismo rentista-transnacional: 1980-2020

2.1.
El funcionamiento del capitalismo rentista-transnacional

Lo que los reformistas y revolucionarios centroamericanos no pudieron lograr a lo largo del siglo XX, ocurrió finalmente a partir de la década de los ochenta, cuando el impacto acumulado de un conjunto de fenómenos mundiales, regionales y nacionales de naturaleza económica y extraeconómica,[1] provocó en todos los países centroamericanos –aunque a distintos ritmos– el fin del modelo agroexportador tradicional y propició el surgimiento de un nuevo modelo económico basado en el dinamismo de los servicios, el comercio y las exportaciones no tradicionales agrícolas e industriales (Segovia, 2002, 2005). El cambio estructural fue de tal profundidad que junto con el nuevo modelo en la década de los noventa emergió un nuevo tipo de capitalismo, el cual he denominado rentista-transnacional, por estar

1. Entre los más importantes sobresalen la crisis económica internacional que en algunos países llevó a una profunda crisis de balanza de pagos y los obligó a implementar programas de estabilización y ajuste estructural; la crisis socioeconómica generada por los conflictos armados internos y la respuesta de política pública para lidiar con ella; las migraciones y el ingreso masivo de remesas familiares; la implementación de una estrategia de modernización económica y empresarial impulsada por Estados Unidos en la región; y la profundización de la globalización capitalista. En los casos de Nicaragua hay que añadir el impacto de las medidas adoptadas en la época de la revolución sandinista y en El Salvador las reformas estructurales de 1980 –la reforma agraria y la nacionalización de la banca y del comercio exterior del café, el azúcar y el algodón–.

controlado por las empresas multinacionales –incluyendo las llamadas multilatinas de origen principalmente colombiano y mexicano– y por poderosos grupos económicos transnacionales de origen centroamericano que valiéndose de su poder de mercado y de su influencia en el Estado definen las reglas del juego económico y obtienen rentas extraordinarias, porque su funcionamiento se enmarca en la lógica y profundización de la globalización capitalista mundial, y porque en la mayoría de los países su dinamismo depende del consumo impulsado por las remesas familiares que envían los centroamericanos viviendo en el exterior, las cuales se han convertido además en uno de los principales determinantes del nivel de actividad económica, de la estabilidad financiera y cambiaria y en un importante instrumento redistributivo.

La existencia del capitalismo rentista-transnacional centroamericano es un hecho histórico relevante que con muy pocas excepciones ha pasado desapercibido e ignorado en los círculos académicos e intelectuales. En parte, esto se debe a que su surgimiento coincidió con la generalización en América Latina del nuevo modelo económico basado en políticas favorables al mercado y en el crecimiento económico guiado por las exportaciones[2] (Bulmer-Thomas, 2010: 13) el cual reforzó las características del capitalismo que ya existía en muchos países de la región antes de 1980 y que ha sido catalogado por algunos como capitalismo jerárquico.[3] En el caso de Centroamérica, sin embargo, el nuevo modelo económico junto con las profundas transformaciones ocasionadas por las guerras civiles, las migraciones, las remesas, las políticas neoliberales, las estrategias de modernización económica y empresarial impulsadas por Estados Unidos[4] y las

2. El nuevo modelo provocó dos tipos de especializaciones dependiendo del tipo y el destino de la IED: la registrada en el cono sur, especializada en la exportación de recursos naturales; y la registrada en México, Centroamérica y el Caribe que se convirtieron en plataformas de exportación hacia Estados Unidos a través de la industria maquiladora.

3. Para una discusión sobre el concepto de capitalismo jerárquico y su aplicación en el caso de Guatemala ver Segovia (2021).

4. Durante los años 1980 Estados Unidos buscó crear una base empresarial en Centroamérica que estuviera dispuesta a promover y abanderar el cambio hacia un modelo económico basado en el dinamismo de las exportaciones

reformas estructurales implementadas en algunos países para quebrar la matriz agroexportadora y para quitarle poder a las élites agrarias tradicionales, transformaron por primera vez en la historia las bases económicas, sociales y políticas del capitalismo agrario-exportador y posibilitaron el surgimiento de un nuevo tipo, cuyo funcionamiento y principales características se detallan a continuación.

En el modelo económico que sustenta el capitalismo rentista-transnacional la mayor parte del excedente que se utiliza en el proceso de acumulación de capital proviene del exterior en forma de remesas familiares[5] que envían los centroamericanos viviendo en el extranjero –principalmente en Estados Unidos–[6] y de inversión extranjera directa realizada por las empresas multinacionales y por los grupos económicos centroamericanos transnacionales. Esta característica del modelo contrasta con lo ocurrido en el caso del modelo agroexportador tradicional donde la principal fuente del excedente era de origen interno, proveniente principalmente del sector agroexportador y el ahorro externo jugaba un papel complementario (parte I).

El excedente externo proveniente de las remesas familiares es el resultado de las migraciones masivas –la mayoría de ellas forzadas– provocadas por la crisis socioeconómica, la violencia y la inseguridad registrada en Centroamérica en la década de los ochenta que tuvieron como destino principal Estados Unidos. Estos recursos se comenzaron a masificar en la década de los noventa y actualmente constituyen en la mayoría de los países –con excepción de Costa Rica– la primera fuente de divisas, representando más del 20% del PIB en El Salvador

---

no tradicionales agrícolas e industriales –maquila– para lo cual promovió y financió la creación de nuevas organizaciones empresariales y centros de pensamiento ligados a ellas. El país donde obtuvo un mayor éxito fue El Salvador, seguido de Costa Rica.

5. Esta interpretación de las remesas como excedente externo es opuesta a aquella que considera a las remesas como exportaciones (una maquiladora ubicada en Estados Unidos) o la que considera que las remesas son un subsidio del exterior proveniente de Estados Unidos.

6. De acuerdo con la Oficina del Censo de Estados Unidos, en el año 2019 cerca de 3.8 millones de centroamericanos residían en Estados Unidos, de los cuales 1.4 millones eran salvadoreños, 1.1 millones guatemaltecos, 746,000 hondureños, 257,000 nicaragüenses y 94,000 costarricenses. Sin embargo existen otras fuentes que estiman una cantidad mucho mayor.

Gráfico 2
Centroamérica: evolución de las remesas familiares, 1980-2020
(como porcentaje del producto interno bruto)

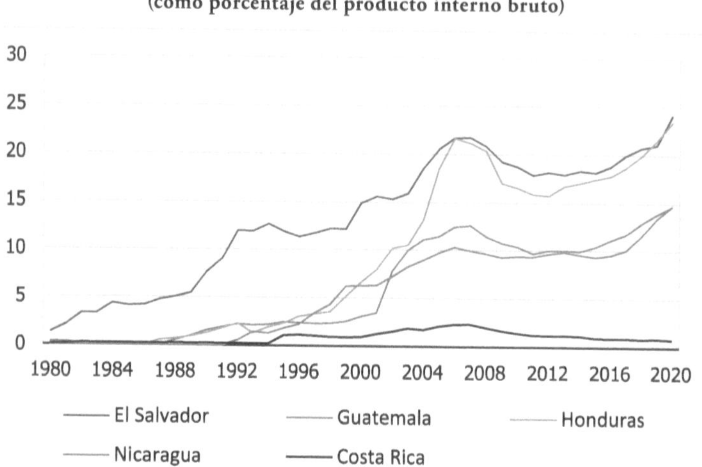

Fuente: Base de datos del Banco Mundial (período 1980-2020) para Costa Rica, Guatemala, Honduras y Nicaragua y para El Salvador, Base de datos del Banco Mundial (período 1980-1994); Banco Central de Reserva (periodo 1995-2020).

y Honduras y entre el 14% y el 16% en Guatemala y Nicaragua (gráfico 2).

En la mayoría de países el monto de las remesas excede con creces el monto de la IED y de las exportaciones, lo que las convierte en la principal fuente de divisas y por tanto en uno de los principales determinantes del nivel de actividad económica interna y de la estabilidad financiera y cambiaria, lo cual compensa ampliamente sus efectos negativos en términos de sobrevaluación cambiaria; además, en tanto transferencias del exterior, estos recursos forman parte del ahorro nacional de los países y por tanto una proporción de ellas financia la inversión (Segovia, 2002, 2005) contribuyendo de esta manera a superar la restricción externa al crecimiento. Además las remesas facilitan el proceso de formación de capital fijo, el cual está compuesto en buena medida por maquinaria y equipo importado y mediante el financiamiento del resto de las importaciones contribuyen a satisfacer la demanda interna y a superar los cuellos de botella en los diferentes mercados de bienes, lo cual fortalece la estabilidad de precios internos, la estabilidad cambiaria y la reducción de la inflación. Sin embargo, la disponibilidad de remesas ha provocado que en algunos países el monto de las importaciones supere al de las exportaciones, lo cual además de generar una mayor dependencia externa, provoca un aporte neto negativo del sector externo a la contabilidad del crecimiento (Beteta y Moreno-Brid, 2014: 29-33). Dado que el flujo de remesas es mucho más estable que los ingresos provenientes de las exportaciones de café, y que su monto es significativamente mayor, la estabilidad cambiaria es más sólida en el actual modelo que en el agroexportador tradicional. Por otra parte, y debido a que en su mayoría son dedicadas a financiar el consumo, las remesas representan uno de los principales dinamizadores del consumo privado[7] y, por ende, de la demanda interna. En términos sociales, las remesas constituyen un importante instrumento redistributivo ya que parte de ellas son recibidas por familias pobres, que las utilizan para satisfacer necesidades básicas y para inversión en bienes duraderos y no duraderos.

Las remesas entran a Centroamérica principalmente a través de los sistemas financieros locales, los cuales están controlados en la mayoría de los países por conglomerados financieros internacionales y regionales –particularmente estadounidenses, canadienses, colombianos y centroamericanos–, que lo utilizan para financiar el proceso de acumulación de capital, el consumo y las importaciones de todo tipo. Debido a que la mayoría de estos conglomerados tienen poco o ningún vínculo con las estructuras productivas locales, en todos los países se ha roto o debilitado la relación estructural que existía en el capitalismo agrario-exportador entre la esfera productiva y la esfera de la circulación del excedente o, dicho de otro modo, entre el ahorro financiero y la acumulación de capital, lo cual ha afectado negativamente las inversiones productivas y ha alentado el consumo, las importaciones y las inversiones especulativas y poco productivas como el comercio y la construcción y desarrollo de centros comerciales. Este cambio del uso del excedente financiero explica en buena medida

7. Debido a que la mayoría de las remesas se dedica al consumo, estos recursos desempeñan un papel estabilizador del consumo privado en la medida en que sus montos en dólares tienden a permanecer constantes e, incluso, a aumentar –sobre todo, medidos en moneda local– en episodios de colapso de la actividad económica y de depreciación aguda del tipo de cambio (Beteta y Moreno-Brid, 2014: 186).

Figura 2

Funcionamiento del capitalismo rentista-transnacional

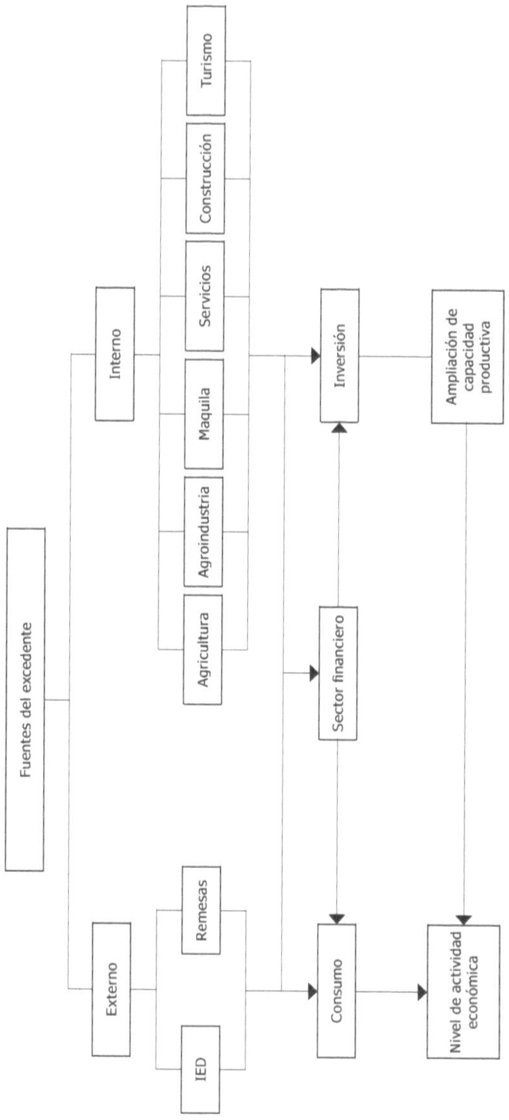

Fuentes del excedente

Externo

IED

Remesas

Interno

Agricultura

Agroindustria

Maquila

Servicios

Construcción

Turismo

Consumo

Sector financiero

Inversión

Nivel de actividad económica

Ampliación de capacidad productiva

la enorme brecha existente en algunos países del área entre el ahorro financiero y el ahorro real (Segovia, 2002, 2005).[8] De ahí la naturaleza rentista y especulativa de este tipo de capitalismo.

La segunda fuente de excedente externo es la inversión extranjera directa realizada por compañías multinacionales –incluidas las llamadas multilatinas–, y por los grupos económicos centroamericanos transnacionales para quienes el mercado regional constituye un espacio de acumulación fundamental.[9] La llegada y presencia creciente en Centroamérica de estos actores fue incentivada por la implementación en 1984 por parte de Estados Unidos de la Ley de Recuperación Económica de la Cuenca del Caribe –también conocida como la Iniciativa para la Cuenca del Caribe–, que promovió la IED, alentó la creación de zonas francas y favoreció el traslado de la producción de textiles y de confección de Estados Unidos a Centroamérica y al Caribe[10] (Sánchez Díez y Martínez, 2014: 15-16); por las políticas de liberalización, desregulación y privatización inspiradas en el paradigma neoliberal aplicadas a diferentes ritmos por los países centroamericanos en las décadas de los ochenta y noventa; y por la firma de distintos acuerdos comerciales, especialmente el Tratado de Libre Comercio con Estados Unidos (CAFTA por sus siglas en inglés).

La principal forma de adquisición de las empresas locales por parte de las empresas multinacionales ha sido a través de la compra

---

8. Es importante diferenciar entre ahorro financiero y ahorro real, ya que mientras este último puede existir en unos sectores y ser consumido por otros, mayores niveles de ahorro real significan mayores aportes a la acumulación de capital.

9. Para un análisis de los grupos económicos transnacionales y de las élites económicas centroamericanas ver Segovia (2004a, 2005, 2018); Bull y Kasahara (2014, 2017); Kasahara (2012); Castellacci (2013); Palencia Prado (2016); Schneider (2014); Euraque (1991, 2019); Robles (2011, 2016, 2017); Marchena Sanabria (2016); López Ramírez y Valverde Chaves (2015); CEPAL (2018); Casaús Arzú (1992); Martínez-Peñate (2017); Waxenecker (2017); Rockwell y Janus (2003), entre otros.

10. Sin embargo, la finalización del Acuerdo Multifibras en 2005 y la competencia asiática, sobre todo después de la entrada de China a la OMC, provocaron una pérdida de dinamismo de las exportaciones de textiles y prendas de vestir y favorecieron las de otros rubros industriales (Beteta y Moreno-Brid, 2014: 142).

Gráfico 3
CENTROAMÉRICA:
INVERSIÓN EXTRANJERA DIRECTA, 1990-2019
(millones de dólares)

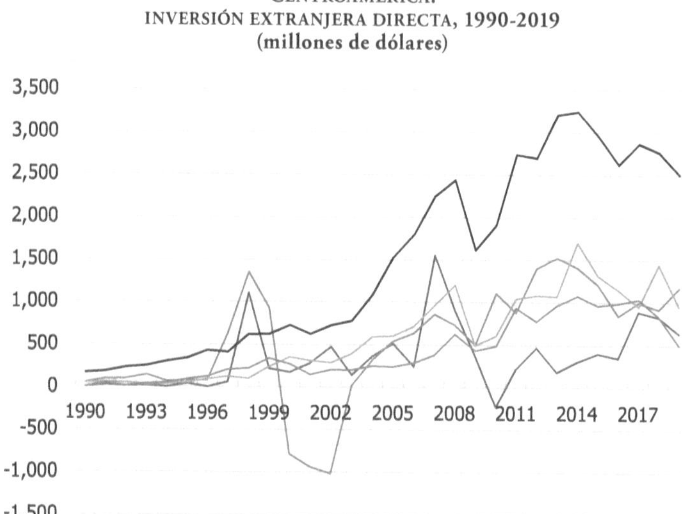

Fuente: Base de datos del Banco Mundial (período 1990-2019) para Costa Rica, Guatemala, Honduras y Nicaragua; y para El Salvador, Base de datos del Banco Mundial (período 1990-2009); Banco Central de Reserva (periodo 2010-2019).

de activos existentes mediante fusiones y adquisiciones, las cuales llegaron a representar el 83% del total de la IED en la región en el año 2010 (Sánchez Díez y Martínez, 2014: 18-19), proceso que fue favorecido y facilitado por las privatizaciones de empresas públicas. Las empresas multinacionales y los grupos centroamericanos transnacionales han concentrado sus inversiones en los principales espacios de acumulación del nuevo modelo, los cuales no sólo se encuentran en las actividades agroexportadoras e industriales como en el capitalismo agrario-exportador, sino también –y en algunos países mayoritariamente– en los sectores secundarios y terciarios, particularmente en las actividades relacionadas con los servicios industriales, turísticos, inmobiliarios y logísticos –cadenas de supermercados, centros comerciales, construcción de viviendas, banca, seguros, hoteles, empresariales a distancia, software, *call centers*, electricidad, comunicaciones, energía, etc.–, el comercio, la industria tradicional, extractiva y para exportación, y la agroindustria de alimentos, entre otros. Como resultado, estos actores controlan las actividades económicas más dinámicas y rentables y son propietarios de los principales activos económicos y productivos de Centroamérica,[11] lo cual ha reforzado la tendencia a la desnacionalización de las economías y ha aumentado considerablemente su poder económico y político en toda la región (Segovia, 2005, 2018, 2021). Además, la concentración de activos en manos extranjeras ha reforzado el carácter monopólico y oligopólico de las economías centroamericanas ya no sólo en las actividades agropecuarias e industriales como en el pasado, sino también en las actividades de servicios y aquellas vinculadas con las exportaciones, lo que combinado con la ausencia de instrumentos adecuados para regular la competencia, con la falta de independencia y poder de las autoridades de competencia y con el poder e influencia de los actores económicos transnacionales ha provocado abusos de poder de mercado por parte de estos últimos (Rivera y Schatan, 2008: 35-36). Asimismo la falta de regulaciones adecuadas para controlar los movimientos de capital ha contribuido a que las ganancias de productividad se fuguen vía rentas al exterior.

Debido al carácter transnacional de los agentes económicos que hegemonizan en este nuevo tipo de capitalismo –especialmente las empresas multinacionales cuyas casas matrices están fuera de la re-

11. A diferencia de las empresas multinacionales, la mayoría de los grupos centroamericanos no han incursionado en actividades de exportación de bienes, aunque hay excepciones notables. Por el contrario, algunos de estos grupos aprovecharon las privatizaciones de empresas públicas para invertir en servicios como banca, telecomunicaciones y electricidad, los cuales vendieron posteriormente a empresas multinacionales. Otros vendieron sus empresas industriales insignias –cervecerías, cementeras, líneas aéreas– y abandonaron sectores intensivos en tecnología, los cuales pasaron a ser controlados por empresas multinacionales (CEPAL, 2018). Las actividades en las que los grupos centroamericanos continúan teniendo un control importante y se han expandido regionalmente son las relacionadas con bienes raíces, servicios turísticos, comercio y actividades agroindustriales en las que históricamente han tenido el control, como es el caso de la agroindustria del azúcar. En el sector industrial dichos sectores se concentran principalmente en los sectores del plástico, el papel y el cemento, que se complementan con el sector de alimentos y bebidas, para la fabricación de botellas y envases (CEPAL, 2018).

gión– buena parte del excedente se realiza a través de las exportaciones a los mercados internacionales, principalmente el estadounidense. Sin embargo, a diferencia del pasado, buena parte de este excedente no se queda en la región sino que sale hacia el exterior en forma de repatriación de utilidades (Beteta y Moreno-Brid, 2014; Sánchez Díez y Martínez, 2014).

La presencia masiva de inversionistas internacionales sumado a las políticas de fomento de exportaciones implementadas en todos los países han modificado la forma de inserción internacional de Centroamérica, convirtiéndola en una plataforma suministradora de bienes de escaso valor añadido en el marco de procesos productivos globales y en proveedor de insumos de bajo costo para las cadenas globales de valor o bienes finales que dependen de las decisiones de las casas matrices extranjeras (Sánchez Díez y Martínez, 2014). Esta forma de inserción internacional se complementa con la inserción de la región a través de las migraciones y las remesas; y juntas han reforzado la tradicional dependencia de Centroamérica con Estados Unidos, país que constituye el principal destino de los migrantes y de las exportaciones; y es de donde provienen la mayoría de las remesas familiares, la inversión extranjera directa y las importaciones de bienes.

Una novedad del modelo económico en que se basa el capitalismo rentista-transnacional es que el mercado interno –y centroamericano– también desempeña un papel importante en la realización del excedente debido al incremento de la demanda interna y regional derivada del consumo impulsado por las remesas familiares, de la mayor disponibilidad de crédito para consumo y en menor medida del aumento de los ingresos provenientes de mayores empleos urbanos. El aumento de la demanda interna ha dinamizado los servicios y el comercio en todos los países y ha incentivado a las empresas multinacionales y a los grupos económicos regionales transnacionales a aumentar su presencia y disputarse el mercado local y regional. Sin embargo, la expansión del mercado interno enfrenta un límite casi insuperable debido a que la nueva inserción internacional está basada en la competitividad otorgada por los salarios bajos y no en el aumento de productividad.[12] Los salarios bajos atentan contra el desarrollo del mercado interno que requiere para su expansión en el mediano plazo de un aumento sostenido de los salarios reales y disminuye las posibilidades de contar con una fuerza laboral más capacitada y educada, que es la que demandan los sectores más dinámicos y muchas de las actividades relacionadas con el sector servicios. Sobre este último punto conviene subrayar que debido a la importancia de los servicios y el comercio en el proceso de acumulación, el modelo económico actual es más intensivo en la utilización de fuerza laboral femenina y de fuerza laboral semicalificada, lo cual constituye otra novedad con respecto al capitalismo agrario-exportador que era más intensivo en la utilización de fuerza laboral masculina no calificada –fundamentalmente rural–. Sin embargo, los potenciales efectos positivos de una mayor demanda laboral femenina y más calificada son contrarrestados por el pago de bajos salarios y por la desigualdad salarial que existe entre los hombres y las mujeres.

En el capitalismo rentista-transnacional el excedente externo se complementa con el de origen interno que a diferencia del pasado ya no proviene mayoritariamente del sector agroexportador tradicional, sino también de las nuevas actividades dinámicas localizadas en los sectores de servicios y comercio y en el mismo sector agropecuario –como es el caso de las exportaciones agrícolas no tradicionales–. Por ello, el sector agroexportador tradicional ya no es el principal generador de excedente y las divisas por él generadas han dejado de ser el principal determinante del nivel de actividad económica y de la estabilidad financiera y cambiaria, todo lo cual le ha restado poder e influencia a las élites agrarias,[13] quienes además por el proceso de

12. En el período 1990-2016 la productividad laboral de Centroamérica aumentó un 37% lo que equivale a un aumento acumulativo promedio del 1.2% anual, aunque en las actividades que absorben una gran cantidad de mano de obra –las actividades agrícolas, manufactureras y comerciales– la productividad laboral disminuyó o, en el mejor de los casos, se estancó (CEPAL, 2018).

13. Una excepción notable es la élite vinculada a la agroindustria del azúcar, que no sólo ha sido capaz de mantener su poder, sino que en algunos países incluso lo ha aumentado a nivel regional como resultado de la incursión en otros países, de la modernización y transformación de los procesos productivos y de la diversificación de la producción del sector –sobre todo a

democratización registrado en la región –que en algunos países se tradujo en la llegada al poder de fuerzas políticas reformistas– también vieron reducida su influencia dentro del Estado.

En el proceso de acumulación de capital que tiene lugar en el modelo económico actual, la tierra agrícola juega un rol relevante, sobre todo en aquellos países en que el sector agropecuario sigue siendo un eje de acumulación importante. Sin embargo, para los actores económicos cuyos intereses están en los sectores secundarios y terciarios la tierra agrícola ya no constituye su base principal de acumulación (Segovia, 2004b, 2005). Para ellos, lo importante es disponer de cualquier tipo de tierra –urbana o rural– donde puedan desarrollar y expandir sus negocios –turismo, complejos agroindustriales, industriales y comerciales, generación de energía, industria extractiva, entre otros– razón por la cual los territorios rurales son fundamentales. Este cambio en el uso de la tierra ha provocado en la mayoría de los países un aumento de la renta de ese activo, lo cual se ha convertido en un desestímulo para la producción agropecuaria, ya que de manera creciente es dedicada para construcción de viviendas, centros comerciales y zonas industriales.[14] Además, la mayor demanda de tierras urbanas y en las zonas costeras y de montaña ha significado una mayor presión sobre los recursos naturales, lo cual ha tenido impactos negativos en el medio ambiente.

Al igual que en el capitalismo agrario-exportador, en el rentista-transnacional el Estado juega un papel central en el proceso de acumulación y en asegurar las condiciones de su reproducción. Además de desempeñar las funciones tradicionales de mantenimiento de la estabilidad macroeconómica y financiera, de velar por la seguridad y de crear y mantener la infraestructura física, en la últimas décadas el Estado ha sido un actor fundamental promoviendo la economía de mercado y la profundización de la integración internacional de los países, principalmente con Estados Unidos. Para ello habilitó nuevos espacios de acumulación antes vedados al sector privado me-

---

través de la generación de energía y la producción y/o comercialización de etanol–.

14. El aumento de la renta de la tierra contrasta con lo ocurrido en los países capitalistas desarrollados, donde el precio de la tierra bajó a medida que disminuyó el peso de la agricultura dentro de la economía.

diante la privatización de activos y empresas públicas, lo cual implicó en la práctica una disminución de su papel como empleador y proveedor directo de bienes y servicios (Sánchez-Ancochea y Martínez Franzoni, 2015: 68). En esta misma línea, en algunos países ha promovido y facilitado el otorgamiento de concesiones para la explotación de recursos naturales, para lo cual ha tenido que flexibilizar –e incluso omitir– las regulaciones ambientales. Además, como ya hemos señalado, ha sido el actor central en la facilitación de la entrada de la inversión extranjera mediante la liberalización y la desregulación de las economías, a través de la firma de tratados de libre comercio y mediante el fortalecimiento y expansión de la institucionalidad relacionada con el fomento de las exportaciones, la cual ha sido financiada en parte con recursos externos provenientes de Estados Unidos y de los organismos internacionales (Beteta y Moreno-Brid, 2014; Sánchez-Ancochea y Martínez Franzoni, 2015).

En la mayoría de los países, el desarrollo de estas nuevas funciones ha ido acompañado de un repliegue del Estado en áreas relacionadas con el funcionamiento del mercado (controles de precios, participación directa como productor, etc.) y en algunos sectores como el agropecuario, lo cual refleja la pérdida de influencia de las élites agrarias y la menor prioridad que tiene el agro en este tipo de capitalismo. Para cumplir con estas nuevas atribuciones los Estados centroamericanos fueron reestructurados –y en algunos casos reducidos–, lo cual en algunos países afectó negativamente su función social así como su capacidad para promover la democracia. Por ejemplo, el vacío dejado por el Estado en el ámbito de la protección social lo ha llenado en parte la familia, sobre quien ha recaído el manejo de riesgos, principalmente a través de la emigración, del autoempleo y de las redes comunitarias (Martínez Franzoni, 2008). Según esta autora, esto tiene que ver con el nuevo modelo de acumulación, para el cual estas estrategias familiares resultan fundamentales para la supervivencia de una gran proporción de la población, pero también para los sectores más poderosos del nuevo modelo, y considera que en estos países la emigración y las remesas familiares que esta genera son a la vez estrategia de supervivencia y pilar del nuevo modelo de acumulación (Martínez Franzoni, 2008). Sin embargo hay que señalar que en algunos períodos el gasto social aumentó sobre todo las transferencias directas condicionadas, lo cual tuvo un impacto positivo en términos de reducción de la pobreza (Beteta y Moreno-Brid, 2014: 240) (sección 2.3).

Finalmente hay que mencionar que el surgimiento del capitalismo rentista-transnacional coincidió con la adopción en toda la región centroamericana de la democracia formal –electoral– como sistema político y con un mayor respeto de los derechos humanos y de las libertades individuales producto de los procesos de paz ocurridos a fines del siglo pasado. Además, la llegada al poder en algunos países de gobiernos de izquierda o progresistas permitió a algunos Estados ganar autonomía –al menos temporalmente– respecto a las élites económicas y a las empresas multinacionales. En estos casos, los Estados pudieron impulsar reformas sociales importantes y fortalecerse financieramente mediante el incremento de los ingresos fiscales. Sin embargo, la tradicional resistencia de las élites económicas a contribuir al financiamiento del Estado impidió avanzar en la reducción de la regresividad del sistema fiscal ya que la proporción de los ingresos directos en la tributación total continuó siendo una de las más bajas del mundo (CEPAL, 2012).

A manera de resumen, en la tabla 2 se presentan las principales diferencias y similitudes entre el capitalismo rentista-transnacional y el agrario-exportador. Como puede apreciarse, existen diferencias importantes entre los dos, especialmente los actores económicos que controlan las economías, el origen del excedente, los sectores y espacios de acumulación, el tipo de mano de obra utilizada, el rol del sistema financiero y el papel del Estado. Sin embargo, ambos tipos de capitalismo comparten las características básicas que los diferencian de los tipos de capitalismo existentes en otras partes del mundo, es decir, su carácter altamente concentrador y excluyente; su poca eficiencia y su baja capacidad de generación de empleo de calidad; su extrema dependencia de la economía internacional, particularmente de la estadounidense; su carácter monopólico y oligopólico; y su escasa capacidad para convivir con la democracia debido a que en lugar de contribuir a la construcción de sociedades más justas e integradas, profundizan las desigualdades económicas y sociales entre los ciudadanos y provoca una insatisfacción social permanente.

Tabla 2
CENTROAMÉRICA:
COMPARACIÓN ENTRE EL CAPITALISMO AGRARIO-EXPORTADOR Y EL RENTISTA-TRANSNACIONAL

	Capitalismo agrario-exportador	Capitalismo rentista-transnacional
Actores económicos principales	Grupos económicos familiares nacionales vinculados a la agricultura y empresas transnacionales vinculadas a los enclaves bananeros y a la industria	Empresas multinacionales y grupos económicos transnacionales diversificados
Origen principal del excedente	Interno/externo	Externo/interno
Principales sectores de acumulación	Primario y secundario	Terciario, secundario, primario
Principal espacio de acumulación	Mercado internacional	Mercado interno, regional e internacional
Principal fuerza laboral utilizada	No calificada	No calificada y semi-calificada
Vínculo entre el sistema financiero y la dimensión productiva	Fuerte	Débil
Principal forma de intervención del Estado en la economía	Directa	Indirecta
Grado de desregulación económica y de estructuras monopólicas y oligopólicas	Alto	Alto
Dependencia de la economía internacional	Alta	Alta
Tendencia a la concentración del ingreso y de los activos	Alta	Alta
Capacidad de generar empleo de calidad	Baja	Baja
Capacidad para convivir y apuntalar la democracia	Nula	Baja

Fuente: Elaboración propia.

2.2.
Las variedades del capitalismo rentista transnacional

Al igual que en el capitalismo agrario-exportador, en el rentista-transnacional también existen distintas variedades; sin embargo las diferencias son menos marcadas debido a que a medida que se ha ido consolidando, ha tenido lugar un proceso gradual, pero consistente de homogenización de este tipo de capitalismo entre los países provocado por las fuerzas de la globalización y por la presencia en el área de las empresas multinacionales y de los grupos económicos centroamericanos transnacionales, que aplican similares prácticas empresariales y laborales en los países donde operan y ejercen una influencia significativa en los Estados y en las sociedades.

La versión más diferenciada es la costarricense, que se caracteriza por ser más productiva, por no depender para su funcionamiento de las migraciones y las remesas familiares y por ser –hasta ahora– menos depredadora del ambiente, aunque algunas tendencias en este campo -como el excesivo consumo de pesticidas sintéticos y el crecimiento de las actividades de servicios y comerciales en los territorios– están teniendo efectos negativos importantes. Estas diferencias responden a diversos factores, entre los que sobresalen la temprana implementación de programas de estabilización y ajuste estructural que tuvo que realizar Costa Rica en la década de los ochenta para lidiar con la crisis de la deuda externa y para superar la restricción externa al crecimiento a través del desarrollo de su propia capacidad de generación de divisas.[15] Como resultado de este proceso, en las siguientes décadas este país experimentó un importante proceso de diversificación y especialización exportadora que lo diferencia del resto de la región. El logro del nuevo perfil exportador tiene que ver a su vez con el nivel educativo de su fuerza laboral, que le permitió a Costa Rica atraer

15. Costa Rica comenzó más temprano el ajuste estructural obligado por la crisis de la deuda de principios de la década de los ochenta y porque no tuvo la opción de posponerlo como otros países vecinos, quienes gracias a la ayuda directa de Estados Unidos pudieron realizar ajustes heterodoxos y menos drásticos. Para un análisis del caso de El Salvador ver Segovia (2002).

inversión extranjera –mediante una política selectiva de promoción– y especializarse en nichos que requieren personal calificado.[16] Por otra parte, la naturaleza menos depredadora del capitalismo rentista-transnacional costarricense tiene que ver con la cultura de cuido y respeto del medio ambiente que caracteriza a la sociedad costarricense desde hace bastante tiempo, con la existencia de mejores regulaciones ambientales y con la aplicación de políticas de fuentes de energía limpia, entre otros factores.[17]

En buena medida, los mejores atributos del capitalismo rentista-transnacional costarricense tienen que ver –como en el caso del capitalismo agrario-exportador–, con el rol del Estado, el cual pese a la implementación de políticas económicas de inspiración neoliberal que afectaron la calidad y eficiencia de los servicios públicos y su rol redistributivo, ha mantenido los mecanismos de legitimidad y consenso social existentes después de 1948, sigue manteniendo centralidad en el funcionamiento de la sociedad y de la economía (Acuña 2018: 270-271) y su papel continúa siendo determinante y estructural (Llaguno *et al.*,2014: 18). En efecto, el Estado costarricense todavía cuenta con instrumentos que le permiten ser un actor económico importante como es el caso, por ejemplo, de su participación directa en los sectores financiero, comunicaciones y energía a través de sus propias empresas, las cuales compiten con los sectores empresariales. Además tiene una importante capacidad de regulación y –aunque cada vez con más dificultades– sigue desempeñando su rol redistributivo a través del sistema de protección y de políticas sociales universales.

Sin embargo, la experiencia de los últimos años muestra que el capitalismo costarricense es cada vez menos excepcional, particular-

16. El mayor productor mundial de microprocesadores, Intel, se retiró de Costa Rica después de 17 años de presencia dejando sin empleo a 1,500 trabajadores. Esta empresa se convirtió en bandera de la modernización de la economía nacional, pues representaba un 20.7% del total de exportaciones costarricenses.

17. Como Razmig (2014) ha señalado, en la modernidad la relación entre el capitalismo y la naturaleza nunca es inmediata y el Estado cumple una función intermediaria o de interfaz entre los dos. De acuerdo con este autor, bajo el capitalismo la relación entre acumulación de capital y la naturaleza siempre es moderada o articulada por el Estado y por tanto capitalismo, naturaleza y Estado constituyen en la modernidad un tríptico indisoluble.

Tabla 3
CENTROAMÉRICA:
VARIEDADES DE CAPITALISMO RENTISTA TRANSNACIONAL

	Costa Rica	**El Salvador**	**Guatemala**	**Honduras**	**Nicaragua**
Presencia e influencia de empresas transnaciona-les y grupos centroamericanos transnacionales	Alta	Alta	Alta	Alta	Alta
Tipo de maquila predominante	Electrónica	Textil (paquete completo)	Textil	Textil	Textil
Incorporación tecnológica a procesos productivos	Intermedia	Baja	Baja	Baja	Baja
Tipo de mano de obra más utilizada	Calificada y semi-calificada	No calificada y poco calificada	No calificada y poco calificada	No calificada y poco calificada	No calificada y poco calificada
Importancia de las remesas familiares	Baja	Alta	Alta	Alta	Alta
Dependencia de Estados Unidos	Alta	Alta	Alta	Alta	Alta
Participación del Estado en la economía y en el ámbito social	Alta	baja	baja	baja	baja

Fuente: Elaboración propia.

mente en lo referente a la alta dependencia de la economía estadounidense, al alto grado de desnacionalización de la economía y su consecuente control por parte de empresas internacionales y de grupos centroamericanos transnacionales y al carácter altamente concentrado y excluyente que se evidencia en una mayor concentración del ingreso[18] y de la riqueza en pocas manos, lo cual se ha traducido en patrones de consumo diferenciados entre los distintos grupos sociales y en una limitación de la movilidad. Estas tendencias son en parte el resultado de la aplicación de políticas de inspiración neoliberal que hicieron que el Estado perdiera capacidad distributiva debido a la reducción de la carga fiscal y al deterioro de la distribución primaria a través del empleo y las remuneraciones (Sojo, 2010: 14). Esta situación sumada al debilitamiento del Estado social y a las dificultades financieras y políticas para preservarlo, hacen prever –de no tomarse medidas correctivas–, que en el futuro el capitalismo costarricense se parecerá cada vez más al existente en el resto de los países centroamericanos, lo cual, de llegar a suceder, pondría en grave riesgo su democracia.

La versión salvadoreña del capitalismo rentista-transnacional también tiene diferencias importantes con el resto debido a las especificidades del proceso político y socioeconómico registrado desde finales de la década de los setenta que tuvo como contexto general la guerra civil y la crisis socioeconómica y las migraciones masivas asociadas a ella, la implementación por parte de Estados Unidos de diversas estrategias destinadas a evitar el triunfo de las fuerzas guerrilleras y a modernizar la economía y las élites económicas y, en la década de los noventa, la entrada masiva de remesas familiares, la realización de reformas económicas de corte neoliberal y la implemen-

18. Un estudio coordinado por el Ministerio de Planificación Nacional y Política Económica (Mideplan) y el Ministerio de Relaciones Exteriores y Culto de Costa Rica, con el apoyo técnico de la CEPAL señala que contrariamente a lo experimentado por la mayoría de países de América Latina, en Costa Rica han aumentado los niveles de concentración del ingreso tanto en las zonas urbanas como rurales y menciona que el coeficiente de Gini pasó de 0.505 en 2000 a 0.512 en 2014, según los datos de la Encuesta Nacional de Hogares (CEPAL, 2016: 85). Apunta además que a pesar del crecimiento económico que ha tenido Costa Rica, la pobreza extrema sigue siendo un fenómeno constante y se encuentra estancada desde hace más de dos décadas (CEPAL, 2016: 92).

tación del proceso de paz que incluyó una importante reforma política e institucional que terminó con el Estado agrario y fortaleció la democracia electoral.[19]

El modelo económico salvadoreño surgió a partir del colapso total de la economía agroexportadora ocurrido en la década de los ochenta y en medio del desplazamiento de las élites agrarias del control del Estado en la mayor parte de esa década; y se consolidó con el ascenso al poder a partir de junio de 1989, de unas élites económicas –en parte promovidas y financiadas por Estados Unidos– que poco tiempo después de acceder al control del Estado abandonaron el discurso de construir una economía productiva sustentada en las exportaciones no tradicionales agrícolas e industriales y comenzaron a construir un modelo económico fundamentado en el consumo y en el dinamismo de los servicios –financieros, comerciales, industriales,[20] logísticos– y del comercio, en donde el apoyo a las actividades agroexportadoras –con excepción de la agroindustria azucarera–, al agro y a la industria tradicional, nunca fueron prioridad (Segovia, 2002). De esta manera se configuró un modelo económico especulativo y poco productivo en donde los grupos económicos vinculados a la banca y a los servicios utilizaron su influencia en el Estado para construir un capitalismo a su medida. La culminación de este proceso ocurrió en el año 2001, cuando las élites financieras impusieron la dolarización de la economía, lo cual hizo al sector bancario particular-

19. Los Acuerdos de Paz incluyeron la reforma de las Fuerzas Armadas, la creación de una nueva Policía Nacional Civil (PNC) bajo la dirección de autoridades civiles, la disolución de los antiguos cuerpos de seguridad, la supresión de la Dirección Nacional de Inteligencia y la creación del Organismo de Inteligencia del Estado (OIE), subordinado al poder civil y bajo la autoridad directa del presidente de la República, la supresión de las defensas civiles y la creación de un nuevo régimen de reservas de la Fuerza Armada de El Salvador (FAES) y la suspensión del reclutamiento forzoso. También contemplaron reformas en el sistema judicial y electoral.

20. Los servicios industriales más importantes son los servicios de maquila, en donde El Salvador tiene la particularidad de que muchas de las empresas del sector son de capital nacional. Además, es el país donde esta industria ha logrado una especialización y una integración vertical que le ha permitido completar la cadena de valor en el mismo país –el llamado paquete completo– en la producción de prendas deportivas (CEPAL, 2018).

mente atractivo para los inversionistas extranjeros (Sánchez-Ancochea y Martínez Franzoni, 2015: 68). En la primera década del presente siglo, estos grupos vendieron la banca y muchas de sus empresas insignia a compañías multinacionales, lo cual generó un proceso acelerado de desnacionalización de la economía con el consecuente aumento del poder e influencia de los actores económicos internacionales.

En la conformación de este modelo consumista y rentista jugó un rol fundamental el Estado, que durante los 20 años consecutivos (1989-2009) que estuvo bajo el control de la derecha a través del partido Alianza Republicana Nacionalista (Arena), fue reducido y reestructurado a favor del capital y fue utilizado por las élites económicas vinculadas a la Fundación para el Desarrollo Económico y Social (Fusades) –financiada por Estados Unidos– para impulsar un agresivo proyecto de modernización capitalista inspirado en el paradigma neoliberal, pero adaptado a sus intereses particulares. Las élites económicas vinculadas al sector financiero y a los servicios utilizaron al Estado para expandirse y consolidarse; para ello se hicieron con el control de la banca que había sido nacionalizada en 1980 –que les permitió acceder al control del excedente externo e interno– y utilizaron deliberadamente el tipo de cambio como un ancla antinflacionaria en la mayor parte de la década, lo cual afectó a los sectores exportadores. Asimismo, mediante la privatización de empresas públicas, tomaron el control de los espacios de acumulación que estaban en manos del Estado, particularmente la telefonía y el sector eléctrico,[21] lo cual significó la renuncia del Estado a participar directamente en la producción de bienes y servicios. En este período el apoyo estatal a la agricultura fue eliminado o reducido al mínimo, las políticas sectoriales de fomento productivo fueron suspendidas por considerarse contraproducentes para el libre juego del mercado y el Estado dejó de intervenir directamente en los diferentes mercados –con excepción del mercado cambiario–; todo lo cual dejo a los sectores productivos sin ningún tipo de protección ante la competencia

21. En los noventa el Estado reprivatizó el sistema bancario, la empresa telefónica y las empresas eléctricas. Además vendió los bienes pertenecientes al antiguo Instituto Regulador de Abastecimientos (IRA) y reformó el sistema de pensiones, introduciendo fondos privados de pensiones.

externa. Estas políticas si bien favorecieron los intereses del capital extranjero, de los comerciantes, de los importadores y de los banqueros, afectaron seriamente el aparato productivo local, sobre todo a la producción agropecuaria y a la industria tradicional. Como resultado, el modelo económico salvadoreño se hizo cada vez menos productivo y más dependiente de las remesas para asegurar las importaciones –incluida la importación de alimentos– y la economía registró un importante proceso de desnacionalización.

En el plano fiscal, el Estado renunció a la captación directa de una parte del excedente interno generado por el sector agroexportador mediante la eliminación del impuesto a las exportaciones de café, y privilegió la captación indirecta del mismo a través de los impuestos indirectos y en particular a través del impuesto al valor agregado (IVA). Como resultado de la reforma fiscal implementada, los ingresos tributarios en lugar de aumentar disminuyeron en relación con sus niveles históricos y se reforzó la regresividad del sistema fiscal. En el ámbito social, el Estado asumió un papel puramente subsidiario, lo cual significó en la práctica el abandono de la concepción universal de la política social existente antes de 1990, por el concepto de focalización de los servicios sociales en los sectores más vulnerables y en las áreas más pobres del país y procedió a la privatización de la ejecución de algunos servicios sociales y/o relacionados con estos. Sin embargo, hubo un aumento del gasto social,[22] sobre todo en educación, lo cual tiene que ver con el interés de las élites económicas de contar con una fuerza laboral más calificada.

El rol del Estado cambió notablemente con la llegada al poder del primer gobierno de izquierda (2009-2014), quien restableció algunos servicios estatales de apoyo a la producción, particularmente al sector agropecuario, creó una banca estatal de fomento, reintrodujo políticas sectoriales de apoyo a los sectores productivos y fortaleció la institucionalidad estatal relacionada con la regulación de mercados y con la protección al consumidor. En el ámbito social el primer gobierno del Frente Farabundo Martí para la Liberación Nacional (FMLN, 2009-2014) amplió la función social del Estado a través de

22. Entre 1993 y 2009 el gasto social per cápita creció 526%, pasando de 61 dólares de 2005 a 382 dólares (Sánchez-Ancochea y Martínez Franzoni, 2015).

la implementación del Sistema de Protección Social Universal y de la Política de Desarrollo Social que incorporó nuevamente el concepto de universalidad, que se tradujo en un aumento de las transferencias directas condicionadas y no condicionadas y tuvo un impacto positivo en términos de reducción de la pobreza (sección 2.3). Además, durante este período se implementó una importante reforma de salud que permitió avanzar en la universalidad de este servicio. Para financiar este rol estatal más activo se aplicaron reformas tributarias que aumentaron la carga tributaria del 12% al 17%. Pese a estos avances, el modelo económico actual, al igual que el del resto de Centroamérica, se caracteriza por la ausencia de un régimen de protección social universal y –con excepción de Costa Rica–, el vacío dejado por el Estado en el ámbito de la protección social lo ha llenado en parte la familia, sobre la que ha recaído el manejo de riesgos, principalmente a través de la emigración, del autoempleo y de las redes comunitarias (Martínez Franzoni, 2008).

Otra peculiaridad del capitalismo salvadoreño es que está asentado en una estructura agraria menos concentrada y polarizada –aunque mucho más pulverizada que en el pasado– producto de la implementación de varios programas de reparto de tierras, particularmente con la reforma agraria de 1980 que puso un límite de 245 hectáreas a la posesión de la tierra –lo cual hizo desaparecer las grandes propiedades privadas–, y con el reparto de tierra a excombatientes contemplada en los Acuerdos de Paz de 1992. De acuerdo con un estudio del Banco Mundial (2012), en El Salvador la distribución de la tierra se ha vuelto más equitativa en las últimas cuatro décadas, en las que se observa una disminución del coeficiente de Gini de la tierra de 0.81 a 0.75 y del porcentaje de hogares rurales sin tierras, del 41% al 18% (Banco Mundial, 2012: 13). Esta situación, sumada a la disminución de la población rural provocada por las migraciones internas y externas se ha traducido en una menor polarización social y política en el agro.

Por su parte, la versión del capitalismo transnacional de Guatemala, Honduras y Nicaragua se caracteriza por la importancia relativamente mayor que tienen los ejes de acumulación localizados en el sector agropecuario y en general en los territorios rurales, incluyendo los cultivos de exportación tradicionales y no tradicionales y la minería

Cuadro 3
Centroamérica:
Valor agregado[a] del sector agrícola como porcentaje del pib, 1980-2019

	Costa Rica	Guatemala	Honduras	Nicaragua	El Salvador	Promedio C.A.
1980	17.8	24.8	35.0	23.2[b]	38.0	27.8
1985	18.9	25.9	24.8	24.1[b]	26.9	24.1
1990	15.8	25.9	24.2	23.0[bc]	16.0	21.0
1995	12.8	24.2	20.5	20.1	11.5	17.8
2000	9.3	22.8	14.4	17.8	7.2	14.3
2005	8.7	12.4	12.5	16.1	6.2	11.2
2010	6.6	11.1	11.6	17.0	7.0	10.6
2015	5.0	10.0	12.2	16.1	5.5	9.8
2019	4.2	9.4	10.7	15.4	5.1	9.0

(a) El valor agregado es la producción neta de un sector después de sumar todos los productos y restar los insumos intermedios. Se calcula sin hacer deducciones por depreciación de bienes manufacturados o por agotamiento y degradación de recursos naturales. (b) Datos corresponden a publicación Centroamérica en cifras, elaborado por iica y Flacso, 1991. (c) Dato correspondiente a 1989.

Fuente: Elaboración propia a partir de cepal, 2020; iica-Flacso, 1991.

en los casos de Guatemala[23] y Honduras.[24] Hay que señalar sin embargo, que en todos los casos la participación del sector agropecuario dentro del pib ha disminuido significativamente en las últimas décadas, lo cual confirma la vigencia de un modelo económico basado en los servicios y el comercio. Además, en estos tres países los actores económicos hegemónicos, al igual que en el caso de Costa Rica, son las empresas multinacionales y los grupos económicos centroamericanos transnacionales.

23. En Guatemala en el año 2013 la minería recibió el 45 % del total de inversión directa extranjera y los inversores más importantes son compañías canadienses, estadounidenses y rusas, así como el sector privado nacional, que generalmente participa como socio minoritario (Aguilar-Støen y Bull, 2016: 16-17).

24. A septiembre de 2019 las concesiones para la minería para procesamiento industrial sumaban 471 proyectos, de los cuales 211 eran para minería metálica industrial y 260 eran para minería no metálica industrial (Cehprodec, 2019: 17).

La variante guatemalteca del capitalismo rentista-transnacional se caracteriza por la enorme influencia que siguen teniendo las élites económicas locales sobre el Estado, las cuales además siguen estando muy fuertemente ligadas a la propiedad de la tierra (Pérez Sáinz *et al.*, 2004), por lo que la estructura agraria sigue caracterizándose por su elevada concentración y polarización. Este último rasgo se ha agravado debido a la implementación de proyectos extractivos por parte de empresas transnacionales, los cuales han ocasionado serios daños ambientales que han afectado a las comunidades rurales. La persistencia de un Estado poco desarrollado con baja capacidad redistributiva y reguladora del mercado, sumado al poder económico y político de las élites transnacionales guatemaltecas han exacerbado más la concentración de la riqueza en pocas manos y han evitado una mejora sustantiva en la distribución del ingreso.

La variante hondureña del capitalismo rentista-transnacional es la más dependiente de las remesas después de la salvadoreña, y se caracteriza por la habilitación de nuevos espacios de acumulación en los territorios rurales a través de actividades extractivas, lo cual, al igual que en Guatemala, ha generado serios conflictos sociales en los que incluso han sido asesinados líderes ambientalistas. Además, en esta versión se ha rehabilitado el eje de acumulación vinculado a la agroindustria del café mediante una política estatal de apoyo a dicha actividad que se ha traducido en un aumento importante de la producción del grano y que ha posicionado a Honduras como el quinto productor de café en el mundo, el primero en Centroamérica y el tercero en América Latina. Actualmente el café es el principal producto agrícola de exportación de Honduras y contribuye con más del 3 % al PIB y cerca del 30 % al PIB agrícola. Conviene subrayar que la actividad cafetalera en Honduras está en manos de 102 mil productores, de los cuales el 90% son pequeños, lo cual refleja la menor concentración de la estructura agraria hondureña. Sin embargo de acuerdo con el Instituto Hondureño del Café (Ihcafe), la comercialización externa la realizan 70 empresas, de las cuales el 52 % son compañías transnacionales.

Finalmente, la variante nicaragüense del capitalismo rentista-transnacional se caracteriza por su marcada especialidad en las actividades agropecuarias, las cuales son controladas por empresas multinacionales y por los grupos centroamericanos transnacionales

–particularmente costarricenses, salvadoreños y guatemaltecos–, quienes han realizado importantes inversiones en la agroindustria de alimentos, incluyendo los productos lácteos y la carne vacuna. El capitalismo nicaragüense, además, se caracteriza por el control que tiene sobre la economía el grupo familiar que controla el Estado, que hasta recientemente había establecido una alianza con los principales grupos económicos nicaragüenses con base en la cual se repartían los espacios de acumulación más rentables.

2.3. Resultados generales del capitalismo rentista-transnacional

Desde su surgimiento, el capitalismo rentista-transnacional despertó grandes expectativas entre sus propulsores y defensores. En parte, esto se debió a que aceleró el tránsito de economías agrarias a economías de servicios, de sociedades rurales a sociedades urbanas y transnacionales y profundizó y reconfiguró la inserción internacional de la región con el resto del mundo, especialmente con Estados Unidos, a través del turismo, las inversiones, las exportaciones y las remesas familiares. Además, en la mayoría de los países el efecto redistributivo de las remesas familiares, el crecimiento económico y el aumento del gasto público social se tradujo en una reducción de la pobreza y en algunos casos de la desigualdad.

Estas tendencias generaron mucho optimismo e incluso hicieron pensar a algunos que el capitalismo centroamericano por fin era compatible con la democracia ya que su surgimiento y desarrollo coincidió con la adopción en toda la región de la democracia formal como sistema político y con un mayor respeto de los derechos humanos y de las libertades individuales, producto de los procesos de paz ocurridos a fines del siglo pasado. Sin embargo, estas tendencias positivas duraron menos de un cuarto de siglo y ya antes de la llegada de la pandemia del COVID-19 la mayoría de ellas había desaparecido o estaba en franco retroceso. En el ámbito socioeconómico, el crecimiento de las últimas décadas ha sido inestable y menor que el registrado en las décadas de los sesenta y setenta del siglo pasado, y si bien en las últimas décadas en la región se han generado empleos por encima

Gráfico 4
Centroamérica:
crecimiento real del pib, 1960-2019
(precios constantes de 2010)

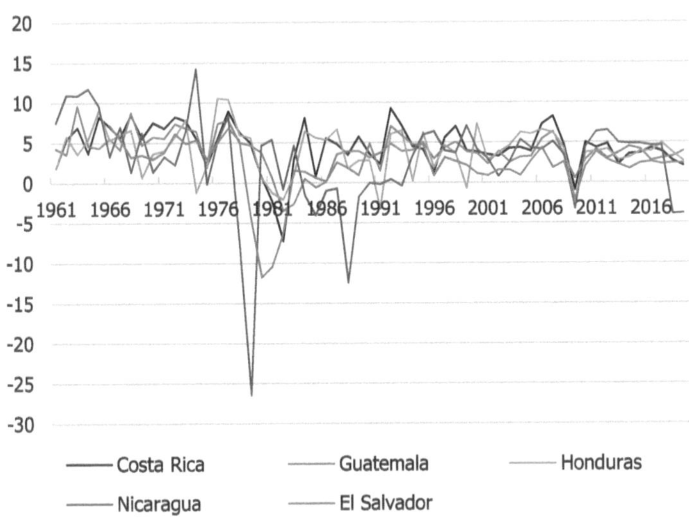

Nota: Datos de El Salvador disponibles a partir de 1966.

Fuente: Elaboración propia a partir de la base de datos del Banco Mundial, 2020.

del crecimiento de la población económicamente activa y en edad de trabajar, estos empleos son de baja calidad y carecen de protección social (CEPAL, 2012).

Una de las causas que explican el bajo crecimiento es la incapacidad del modelo en el que se sustenta para desarrollar sectores productivos con mayor tecnología y la existencia de pocos encadenamientos que las nuevas exportaciones han creado con el resto de la economía, lo cual ha repercutido negativamente sobre la productividad del trabajo (Sánchez-Ancochea y Martínez Franzoni, 2015: 73). Como estos autores han señalado, la falta de modernización tecnológica[25] se evidencia

25. En Centroamérica el gasto en investigación y desarrollo como porcentaje del PIB se ha mantenido en un nivel muy bajo y prácticamente sin cambios en los últimos 15 años. Costa Rica es el único país cuyo coeficiente supera el 0.5% del PIB. Asimismo, los indicadores sobre titulados de grado e investigadores en ciencia y tecnología son muy inferiores a los observados en

en la composición de las exportaciones que con la excepción de Costa Rica se caracterizan por su poco contenido tecnológico y muchas de ellas tienen pocos encadenamientos productivos con el resto de la economía, todo lo cual se refleja en la baja calidad del empleo y en la existencia de una gran informalidad[26] (Sánchez-Ancochea y Martínez Franzoni, 2015: 74-75). En resumen, si bien el número de empleos creado en Centroamérica parece haber sido suficiente para satisfacer la demanda, las brechas entre empleo formal e informal no se han cerrado y las desigualdades derivadas de dichas brechas a causa de la baja remuneración de los empleos informales y su falta de acceso tanto a prestaciones sociales –como la seguridad social–, tampoco muestran una tendencia positiva (Beteta y Moreno-Brid, 2014: 117).

El pobre desempeño económico del capitalismo rentista-transnacional también tiene que ver con su carácter consumista y poco productivo ya que en la mayoría de los países su funcionamiento depende de las remesas familiares que principalmente son destinadas al consumo y al financiamiento de todo tipo de importaciones. Esta situación es reforzada por el sistema bancario que utiliza el enorme ahorro financiero existente para financiar el consumo de las personas más que para apoyar proyectos productivos.

En el ámbito social, el capitalismo rentista-transnacional presenta resultados menos desfavorables que su predecesor, ya que tanto la pobreza como la desigualdad del ingreso disminuyeron a partir de la década de los noventa del siglo pasado hasta la primera década del presente siglo, aunque aún permanecen en niveles inaceptables, sobre todo la enorme desigualdad que impera en la región que con un coeficiente de Gini de 0.51, resulta ser una de las más desiguales del mundo (Beteta y Moreno-Brid, 2014: 29-37). Los resultados positivos en la reducción de la pobreza tienen que ver con la adopción de una política social focalizada mediante programas de transferencias condicionadas, lo cual en un contexto de repunte económico y cierta

economías grandes de América Latina, con la excepción, una vez más, de Costa Rica (CEPAL, 2018).

26. De acuerdo con CEPAL (2019), en 2018 un porcentaje muy significativo del empleo en los países centroamericanos se generaba en el sector informal, porcentaje que variaba desde un 39.1% en Costa Rica hasta un 79.7% en Guatemala y un 79.9% en Honduras (CEPAL, 2020: 19).

Cuadro 4
CENTROAMÉRICA:
POBREZA TOTAL Y POBREZA EXTREMA, 2000 Y 2019
(porcentajes de la población total de los países)

	Pobreza total		Pobreza extrema	
	2000	**2019**	**2000**	**2019**
Costa Rica	28.0[b]	16.5	5.4[b]	3.4
El Salvador	50.6[c]	30.4	19.1[c]	5.6
Guatemala	53.6	50.5[a]	16.9	15.4[a]
Honduras	57.4[c]	52.3	27.3[c]	20.0
Nicaragua	65.1[c]	46.3[a]	35.8[c]	18.3[a]

(a) Los datos corresponden a 2014. (b) Los datos corresponden a 2002. (c) Los datos corresponden a 2001

Fuente: CEPAL, 2021: cuadros IA.2.1.y I.A.2.2, páginas 83 y 85.

reforma de las políticas sociales, ayudó a disminuir gradualmente la incidencia de pobreza y mejorar los indicadores de salud y educación, sobre todo en el área rural (CEPAL, 2012). Sin embargo, pese a las reducciones registradas, la pobreza total y la pobreza extrema permanecen en niveles elevados, sobre todo esta última en Guatemala, Honduras y Nicaragua.

En resumen, en el capitalismo rentista-transnacional ha habido mejoras en términos de incorporación social, pero ésta ha sido, en general, de carácter segmentado antes que universal y el modelo económico ha sido un obstáculo para la incorporación social por su falta de dinamismo y por la ausencia de incentivos para la acumulación de capital humano y una ampliación de la base fiscal de la política social (Sánchez-Ancochea y Martínez Franzoni, 2015: 7).

Con respecto a la desigualdad, los resultados son mixtos, ya que en tres de los cinco países –El Salvador, Honduras y Nicaragua– registró disminuciones; en uno de ellos –Guatemala– no registró cambios mayores; y en el caso de Costa Rica aumentó considerablemente (Beteta y Moreno-Brid, 2014: 101-102). Por su parte, en el período 2004-2017 la distribución funcional del ingreso reporta una tendencia a la baja en la participación de las remuneraciones (con excepción de Nicaragua) (Torres González y Zafra García, 2020: 16). En términos de la concentración de la riqueza, el capitalismo actual es más concentrador que el agroexportador si se tiene en cuenta que en el año

2013 había en Centroamérica 910 millonarios –aproximadamente el 0.2 % de la población total– que juntos acumulaban una riqueza de 121,000 millones de dólares, lo que equivale a una riqueza promedio individual de 133.2 millones de dólares.[27]

Finalmente, conviene subrayar el carácter depredador del medio ambiente del capitalismo rentista-transnacional. A diferencia del capitalismo agrario-exportador que se localizaba principalmente en las zonas rurales, el capitalismo actual se concentra principalmente en los centros urbanos –que es donde se encuentra la mayoría de la población centroamericana–, lo cual ocasiona nuevos y graves problemas medioambientales –ruido, humo tóxico, basura, etcétera–. Además, el hecho de que buena parte de los ejes de acumulación se encuentran localizados en las zonas costeras y de montaña –servicios turísticos, logísticos, etc.–, el capitalismo actual es igual o más invasivo que el agrario-exportador. Finalmente hay que mencionar el enorme daño al ambiente –sobre todo la contaminación del agua y destrucción de sistemas de biodiversidad– que causan en algunos países las actividades extractivas.

27. Ver *Informe mundial de la ultra riqueza 2012/2013*, elaborado por la compañía Wealth X de Singapur, con patrocinio de la sociedad financiera suiza UBS.

III. Conclusiones: la economía política del capitalismo en Centroamérica

El análisis realizado en las partes precedentes sugiere que en los últimos 150 años han existido dos tipos de capitalismo en Centroamérica, los cuales han asumido diferentes variantes en función de las particularidades de los cinco países que conforman la región. El primero es el capitalismo agrario-exportador que estuvo estructurado alrededor de la economía agrícola de exportación tradicional, la cual era controlada por las élites agrarias –principalmente cafetaleras– y por las empresas transnacionales dueñas de los enclaves bananeros y con inversiones en la industria y actividades relacionadas. Pese a sus limitaciones y deficiencias y a los intentos por modernizarlo, este capitalismo perduró básicamente inalterado durante un siglo, hasta que los efectos de la crisis económica, social y política de los años ochenta y las respuestas de política para superarla desencadenaron un profundo cambio estructural que acabó con el modelo agroexportador sobre el cual se basaba, reconfiguró la matriz de poder que lo sostenía y lo legitimaba y posibilitó el aparecimiento de un patrón de crecimiento basado en el dinamismo del comercio y los servicios, el cual se consolidó en la década de los noventa con el surgimiento de una élite económica transnacional, con el ingreso creciente de las remesas familiares y de capital extranjero y con la aplicación de reformas socioeconómicas de inspiración neoliberal que profundizaron la economía de mercado y propiciaron una nueva inserción internacional acorde con la división del trabajo requerida por la globalización capitalista. El resultado de estos cambios fue el surgimiento de un nuevo tipo de capitalismo –el rentista-transnacional–, que se sustenta en un modelo económico basado en el dinamismo de los servicios y el comercio, que privilegia el consumo antes que la inversión productiva y cuyo funcionamiento depende en buena medida de las migraciones y de las remesas familiares. En este tipo de capitalismo las empresas multinacionales y los grupos económicos centroamericanos transnacionales son los actores principales, que con su poder e influencia definen las reglas del juego económico y ponen los límites de la democracia.

Si bien el capitalismo rentista-transnacional presenta rupturas importantes con respecto a su predecesor, heredó de él sus peores características, particularmente su carácter concentrador y excluyente y su ineficiencia global, con el agravante de que es menos productivo y menos exitoso en generar crecimiento económico, y es mucho más dependiente de la economía estadounidense. Estas características quedaron en evidencia con la llegada de la pandemia del COVID-19, cuyos efectos reforzaron y profundizaron las tendencias que se venían manifestando desde hacía varios años, especialmente la desaceleración del crecimiento económico, una mayor concentración de la riqueza en pocas manos y una progresiva erosión de la credibilidad del sistema.

Por otra parte, el estudio sobre el capitalismo y sus variantes sugiere que existe un vínculo directo entre los modelos económicos y los tipos de capitalismo ya que los primeros definen la forma de organización de la producción y de la distribución y determinan en buena medida las relaciones de poder entre los distintos agentes que intervienen en el mercado y entre éstos y el Estado. Sin embargo, la experiencia centroamericana también sugiere que no siempre el cambio o modificación de un modelo económico se traduce necesariamente en un nuevo tipo de capitalismo, y que este puede convivir con modelos económicos híbridos. La implicación de este hallazgo es importante ya que sugiere que la única manera de transformar el capitalismo es mediante la instauración de modelos económicos transformadores, es decir, con capacidad de modificar el funcionamiento global de la economía y de reconfigurar las relaciones de poder entre los actores económicos nacionales e internacionales y entre estos y el Estado. Sólo entonces los modelos económicos transforman el capitalismo.

Por otra parte, el análisis realizado sugiere que el vínculo entre el modelo económico y el tipo de capitalismo está mediado por la naturaleza y la forma de intervención del Estado. En efecto, el caso centroamericano muestra que además de los actores económicos que actúan directamente en el mercado, el Estado juega un papel relevante en la definición de las características generales y en el funcionamiento global del capitalismo y que su naturaleza y formas de intervención determinan en buena medida las variantes específicas que asume dicho sistema en cada país de la región. Como la experiencia de Costa Rica muestra, la existencia de un Estado democrático y social, con suficiente autonomía de las élites económicas para intervenir en la economía y para construir un régimen de bienestar basado en el universalismo fue un factor fundamental para construir a partir de la segunda mitad del siglo XX un capitalismo más inclusivo y compatible con la democracia. Por el contrario, la experiencia del resto de países centroamericanos muestra que Estados débiles o cooptados por las élites económicas o por actores externos, sin capacidad para impulsar políticas redistributivas y de intervenir en la definición de las reglas del juego económico, contribuyeron a la instauración de un capitalismo concentrador y excluyente en donde la vigencia de sistemas democráticos no era posible. Este hallazgo sobre el rol del Estado en la configuración de los tipos de capitalismo es importante si se considera que actualmente los Estados centroamericanos atraviesan por una profunda crisis financiera, política y de legitimidad que les impide convertirse en el elemento cohesionador de la sociedad y en un factor de transformación del capitalismo actual. Por ello, la posibilidad de transformar y modernizar el capitalismo centroamericano pasa necesariamente por la construcción de Estados democráticos fuertes, modernos y con suficiente autonomía de las élites locales y de los poderes extrarregionales.

Desde la perspectiva de construcción del Estado, la experiencia centroamericana muestra claramente el efecto positivo que tiene la existencia de un régimen político democrático en términos de la construcción de un Estado de bienestar. Esto es así debido a que el balance de pesos y contrapesos que existe en una democracia impide que las élites económicas y políticas impongan de manera permanente sus intereses particulares y utilicen al Estado para su beneficio propio. Por ello no es casualidad que sea precisamente Costa Rica –donde la democracia se consolidó desde las primeras décadas del siglo XX–, el país en que las élites económicas no tuvieron el poder ni la influencia para imponer su voluntad sobre el Estado –democrático– ni para detener las reformas sociales que a la larga marcaron la gran diferencia con el resto de Centroamérica, especialmente con El Salvador y Guatemala, en donde la ausencia de democracia y la existencia de Estados autoritarios les permitió construir un capitalismo a la carta fundamentado en una institucionalidad política, económica y social especialmente diseñada para lograr que el mercado opere siempre a su favor, para controlar los principales espacios de acumulación de capital y para asegurar una concentración acelerada de la riqueza en sus manos, principalmente mediante el control de la tierra y de los activos productivos, de la política salarial y de la política fiscal. Estos actores aprovecharon la apertura democrática de los años 1990 y las reformas del mercado y del Estado para acumular más riqueza y poder, para consolidar su hegemonía sobre las sociedades y su control sobre los Estados y, en última instancia, para definir los límites de la democracia.

El éxito de las élites centroamericanas en construir un capitalismo a su medida y de sacar provecho de la globalización económica y de la profundización de la economía de mercado no es solamente mérito propio. Tiene que ver también con el papel que Estados Unidos ha jugado históricamente en la región, ya que con sus acciones y omisiones en la práctica se ha convertido en uno de los principales defensores y patrocinadores del capitalismo en Centroamérica y en el principal aliado de las élites económicas opuestas a la democracia y a la redistribución. Cómo el análisis realizado mostró, en el siglo XX la intervención de Estados Unidos fue fundamental en los procesos de formación de los Estados nacionales y en la construcción de las economías locales, particularmente en Honduras y Nicaragua; además fue un actor central en impedir la implementación del proyecto de modernización capitalista en Guatemala en la década de los cincuenta. En la década de los ochenta este actor implementó una estrategia de modernización económica y empresarial en toda la región y en las últimas décadas adoptó una política que combinó la promoción de la economía de mercado y el impulso de reformas económicas de corte neoliberal con el apoyo a la democracia electoral en el marco de una alianza estratégica con los sectores empresariales de la región, lo cual no hizo más que reforzar el poder económico y político de las élites regionales y transnacionales.

Si bien es cierto que la relación entre Estados Unidos y las élites económicas centroamericanas ha sido en general asimétrica y de subordinación de parte de estas últimas, la historia del último siglo revela que también fue una relación compleja y cambiante que no ha estado exenta de contradicciones y enfrentamientos, sobre todo cuando Estados Unidos, atendiendo a sus intereses geopolíticos, impulsó, promovió o apoyó agendas socioeconómicas reformistas destinadas a alterar el *statu quo* en uno o más países de la región. Cuando esto ocurrió, las reformas avanzaron, pero no lo suficiente como para modificar las bases de funcionamiento del capitalismo debido al cuidado del país del Norte de no estropear demasiado sus relaciones con las élites locales a quienes siempre ha considerado su aliado natural en dos temas estratégicos para esa nación: la lucha contra el comunismo y la defensa y promoción de la economía de mercado, es decir, del capitalismo. En mi opinión, esto es lo que explica en buena medida la actitud generalmente complaciente que Estados Unidos ha tenido históricamente con las élites económicas centroamericanas, lo cual ha sido aprovechado por estas últimas para oponerse a cualquier cambio que ponga en riesgo sus intereses y sus privilegios. Por ello, si Estados Unidos realmente está interesado en contribuir a resolver los problemas de Centroamérica, debería revisar su política de alianzas con los actores centroamericanos, apoyando y fortaleciendo a aquellos que están a favor de la democracia, de una mayor justicia social y de la instauración de economías modernas, productivas y competitivas, y funcionando como contrapeso de los que se empeñan en mantener el statu quo y que se niegan a contribuir a financiar el desarrollo a través del pago de los impuestos, entre los cuales se encuentran buena parte de las élites económicas.

Dada la gravedad de la crisis socioeconómica por la que atraviesa Centroamérica actualmente y tomando en consideración las limitaciones y deficiencias del capitalismo rentista-transnacional, resulta claro que una de las vías para resolverla y para avanzar en la construcción de economías más eficientes y de sociedades más cohesionadas, pacíficas y equitativas es impulsar un programa de reformas estructurales –económicas, sociales, legales e institucionales– dirigido a instaurar un nuevo modelo económico capaz de transformar el capitalismo centroamericano en un sistema más inclusivo, sostenible y compatible con la democracia. En esta tarea –que es la gran tarea pendiente– deberían participar todas las personas e instituciones locales, nacionales, regionales e internacionales que creen en la democracia y en la justicia social. La vigencia en Centroamérica de un capitalismo inclusivo, sostenible y compatible con la democracia es la mejor garantía para que las élites económicas y Estados Unidos –y en general para la comunidad internacional que defiende el sistema capitalista– preserven sus intereses estratégicos en la región. Por ello estos actores deberían ser los primeros y los más dispuestos a impulsar una reforma que transforme y modernice el capitalismo centroamericano. Además, sería la mejor forma de reivindicarse ante la historia, sobre todo ahora que Centroamérica celebra sus 200 años de independencia.

Anexos

Anexo 1
CENTROAMÉRICA:
PRODUCTO INTERNO BRUTO, 1920-1980
(en millones de dólares internacionales Geary-Khamis de 1990)

Año / País	Costa Rica	El Salvador	Guatemala	Honduras	Nicaragua
1920	735	1279	2032	959	822
1921	720	1283	2231	970	853
1922	284	1359	2106	1055	781
1923	724	1417	2316	1048	836
1924	829	1515	2504	979	886
1925	826	1411	2456	1182	978
1926	913	1668	2480	1193	850
1927	829	1466	2643	1310	854
1928	872	1719	2702	1473	1082
1929	835	1722	3016	1459	1209
1930	876	1765	3145	1554	977
1931	865	1582	2933	1587	914
1932	796	1419	2567	1422	823
1933	948	1611	2593	1334	1035
1934	836	1664	2933	1292	940
1935	905	1832	3390	1235	955
1936	966	1791	4657	1257	760
1937	1126	1961	4567	1201	824
1938	1193	1822	4693	1271	852
1939	1228	1955	5282	1307	1059
1940	1178	2124	6034	1396	1157
1941	1319	2078	6357	1393	1266
1942	1182	2258	6440	1273	1219
1943	1180	2448	4293	1275	1337
1944	1069	2322	4162	1305	1324
1945	1218	2226	4226	1607	1330
1946	1346	2261	5006	1729	1445
1947	1602	2844	5076	1841	1449
1948	1693	3624	5248	1880	1575
1949	1762	3291	5741	1906	1546
1950	1834	3387	6191	1967	1802
1951	1883	3588	6278	2055	1925
1952	2111	3817	6408	2100	2251
1953	2432	3918	6645	2227	2305

Año País	Costa Rica	El Salvador	Guatemala	Honduras	Nicaragua
1954	2453	4041	6767	2086	2520
1955	2736	4215	6934	2210	2689
1956	2658	4469	7565	2311	2687
1957	2884	4720	7992	2406	2914
1958	3242	4769	8366	2541	2924
1959	3361	4983	8778	2601	2968
1960	3654	5185	8992	2661	3008
1961	3722	5368	9379	2735	3234
1962	3925	6010	9710	2873	3586
1963	4195	6269	10637	2966	3976
1964	4349	6853	11130	3145	4441
1965	4705	7221	11615	3469	4864
1966	5033	7738	12255	3676	5024
1967	5318	8158	12758	3944	5374
1968	5768	8423	13877	4123	5446
1969	6985	8716	14535	4137	5786
1970	6541	8976	15365	4139	5865
1971	6985	9322	16222	4304	6058
1972	7556	9892	17412	4552	6193
1973	8139	10373	18593	4911	6590
1974	8590	10927	19778	4850	7526
1975	8770	11246	20164	4954	7514
1976	9254	11814	21654	5474	7906
1977	10078	12615	23345	6042	8567
1978	10710	13286	24511	6647	7896
1979	11239	12731	25666	6957	5805
1980	11323	11232	26628	7003	6073

Fuente: Elaboración propia a partir de Bértola, L. y Ocampo, J. (2013).

Anexo 2
CENTROAMÉRICA:
EVOLUCIÓN DEL PIB PER CÁPITA, 1920-1980
(dólares internacionales Geary-Khamys de 1990)

Año País	Costa Rica	El Salvador	Guatemala	Honduras	Nicaragua
1920	1089	1089	1193	1312	1224
1921	1074	1074	1296	1290	1270
1922	1110	1110	1211	1348	1145
1923	1138	1138	1318	1290	1226
1924	1189	1189	1410	1176	1279
1925	1081	1081	1369	1369	1412
1926	1249	1249	1369	1334	1209
1927	1082	1082	1443	1449	1215
1928	1232	1232	1460	1594	1539
1929	1216	1216	1613	1544	1694
1930	1221	1221	1665	1610	1369
1931	1080	1080	1519	1611	1263
1932	962	962	1294	1414	1136
1933	1077	1077	1273	1300	1409
1934	1098	1098	1418	1347	1261
1935	1193	1193	1605	1169	1246
1936	1151	1151	2162	1167	965
1937	1244	1244	2069	1095	1019
1938	1142	1142	2086	1138	1041
1939	1210	1210	2304	1149	1245
1940	1733	1298	2571	1195	1328
1941	1910	1255	2649	1172	1436
1942	1659	1339	2625	1045	1351
1943	1631	1443	1720	1038	1448
1944	1434	1345	1633	1036	1401
1945	1587	1274	1624	1256	1377
1946	1729	1280	1878	1320	1449
1947	2001	1592	1852	1373	1409
1948	2059	1995	1864	1371	1500
1949	2087	1782	1979	1350	1430
1950	1930	1739	1955	1353	1564
1951	1923	1798	1926	1374	1626
1952	2091	1866	1911	1364	1846
1953	2334	1865	1928	1406	1834
1954	2280	1872	1910	1279	1945

Año País	Costa Rica	El Salvador	Guatemala	Honduras	Nicaragua
1955	2463	1899	1904	1315	2011
1956	2315	1956	2021	1335	1947
1957	2430	2008	2079	1348	2044
1958	2642	1969	2118	1381	1985
1959	2650	1996	2164	1370	1952
1960	2783	2015	2158	1359	1916
1961	2739	2024	2191	1352	1998
1962	2789	2198	2208	1374	2150
1963	2879	2224	2355	1372	2314
1964	2885	2356	2399	1409	2508
1965	3022	2402	2437	1508	2663
1966	3136	2484	2502	1553	2668
1967	3218	2524	2536	1582	2768
1968	3394	2501	2686	1653	2720
1969	3485	2508	2738	1616	2801
1970	3650	2500	2817	1573	2752
1971	3802	2519	2894	1591	2754
1972	4020	2599	3022	1636	2728
1973	4230	2653	3140	1715	2813
1974	4362	2723	3251	1645	3113
1975	4345	2735	3229	1631	3014
1976	4467	2804	3381	1747	3074
1977	4737	2923	3557	1869	3231
1978	4898	3011	3645	1992	2888
1979	5002	2827	3726	2020	2061
1980	4902	2454	3772	1971	2095

Fuente: Elaboración propia a partir de Bértola y Ocampo (2013).

Anexo 3
Centroamérica:
crecimiento del PIB real, 1960-2019
(tasa de crecimiento anual)

Año País	Costa Rica	Guatemala	Honduras	Nicaragua	El Salvador
1961	1.88	4.30	1.86	7.50	n.d
1962	5.44	3.54	5.76	10.89	n.d
1963	6.90	9.54	3.58	10.87	n.d
1964	3.66	4.63	5.42	11.70	n.d
1965	8.19	4.36	9.04	9.53	n.d
1966	6.97	5.51	5.37	3.30	7.16
1967	5.65	4.11	5.98	6.97	5.44
1968	8.47	8.77	6.60	1.34	3.24
1969	5.49	4.74	0.66	6.24	3.49
1970	7.50	5.71	3.63	1.35	2.98
1971	6.78	5.58	4.00	3.30	3.86
1972	8.18	7.33	5.76	2.22	6.12
1973	7.71	6.78	7.87	6.42	4.86
1974	5.54	6.38	-1.23	14.19	5.34
1975	2.10	1.95	2.13	-0.15	2.92
1976	5.52	7.39	10.50	5.21	5.05
1977	8.90	7.81	10.38	8.37	6.78
1978	6.27	5.00	5.97	-7.84	5.32
1979	4.94	4.71	5.61	-26.48	-4.18
1980	0.75	3.76	0.60	4.61	-11.77
1981	-2.26	0.65	-1.22	5.36	-10.45
1982	-7.29	-3.53	-2.07	-0.82	-6.31
1983	2.86	-2.57	0.91	4.61	1.54
1984	8.02	0.50	6.33	-1.57	1.34
1985	0.72	-0.61	5.63	-4.08	0.62
1986	5.54	0.14	5.33	-1.02	0.19
1987	4.76	3.54	6.64	-0.71	2.51
1988	3.43	3.89	1.75	-12.45	1.88
1989	5.67	3.94	2.73	-1.74	0.96
1990	3.55	3.10	2.79	-0.05	4.83
1991	2.27	3.66	-3.32	-0.19	1.49
1992	9.20	4.84	6.07	0.39	7.02
1993	7.09	3.93	6.50	-0.39	5.82

Año País	Costa Rica	Guatemala	Honduras	Nicaragua	El Salvador
1994	4.49	4.03	0.21	3.34	4.69
1995	4.12	4.95	6.19	5.91	4.73
1996	1.24	2.96	1.87	6.34	0.82
1997	5.56	4.36	4.60	3.97	3.13
1998	6.96	4.99	3.59	3.71	2.65
1999	3.94	3.85	-0.74	7.04	2.16
2000	3.83	3.61	7.29	4.10	1.13
2001	3.49	2.33	2.72	2.96	0.88
2002	3.29	3.87	3.75	0.75	1.58
2003	4.26	2.53	4.55	2.52	1.56
2004	4.34	3.15	6.23	5.31	0.89
2005	3.87	3.26	6.05	4.28	2.71
2006	7.24	5.38	6.57	4.15	4.34
2007	8.17	6.30	6.19	5.08	1.86
2008	4.65	3.28	4.23	3.44	2.57
2009	-0.97	0.53	-2.43	-3.29	-2.09
2010	4.95	2.87	3.73	4.41	2.10
2011	4.31	4.16	3.84	6.32	3.82
2012	4.80	2.97	4.13	6.50	2.82
2013	2.27	3.70	2.79	4.93	2.23
2014	3.52	4.44	3.06	4.79	1.71
2015	3.63	4.09	3.84	4.79	2.40
2016	4.25	2.68	3.89	4.56	2.55
2017	3.86	3.02	4.84	4.63	2.25
2018	2.66	3.21	3.70	-3.95	2.43
2019	2.08	3.85	2.65	-3.88	2.38

Fuente: Base de datos del Banco mundial, 2020.

Anexo 4
CENTROAMÉRICA:
REMESAS FAMILIARES, 1980-2020
(millones de dólares)

Año País	El Salvador	Guatemala	Honduras	Nicaragua	Costa Rica
1980	49.0	26.2	1.6	N.D.	4.1
1981	72.5	24.5	1.8	N.D.	2.4
1982	112.2	10.7	1.5	N.D.	5.6
1983	115.4	3.9	1.8	N.D.	5.3
1984	159.1	3.4	2.0	N.D.	6.4
1985	157.2	1.0	2.1	N.D.	7.2
1986	157.3	0.7	2.1	N.D.	7.7
1987	186.6	0.1	33.7	N.D.	7.9
1988	210.7	45.7	41.8	N.D.	9.1
1989	237.8	85.0	48.6	N.D.	10.0
1990	366.3	118.7	62.9	N.D.	12.0
1991	790.1	178.9	82.6	N.D.	13.4
1992	858.3	230.6	112.0	10.0	14.2
1993	864.1	240.8	63.8	25.0	16.0
1994	962.5	284.5	89.0	50.0	17.1
1995	1061.4	357.5	124.0	75.0	123.3
1996	1086.5	375.4	157.3	95.0	130.8
1997	1199.5	408.0	190.0	150.0	130.1
1998	1338.3	456.5	225.0	200.0	128.1
1999	1373.8	465.6	328.3	300.0	126.5
2000	1750.7	596.2	474.5	320.0	136.0
2001	1910.5	633.8	610.4	335.7	198.4
2002	1935.2	1600.2	801.4	376.5	250.6
2003	2105.3	2147.0	865.4	438.8	320.9
2004	2547.6	2627.5	1169.1	518.8	319.5
2005	3017.2	3066.6	1805.2	615.7	420.3

Año País	El Salvador	Guatemala	Honduras	Nicaragua	Costa Rica
2006	3470.9	3700.1	2358.5	697.5	513.2
2007	3695.3	4236.2	2613.6	739.6	617.9
2008	3742.1	4425.6	2821.3	819.9	604.8
2009	3387.2	4002.2	2477.3	770.3	513.1
2010	3455.3	4224.7	2617.9	824.8	530.7
2011	3627.5	4533.0	2810.6	913.6	520.2
2012	3886.6	4965.3	2920.4	1016.3	562.3
2013	3944.2	5303.7	3098.2	1081.3	596.4
2014	4139.2	5751.4	3369.5	1140.2	593.9
2015	4256.6	6481.9	3666.2	1197.5	552.0
2016	4543.8	7362.7	3863.7	1268.1	545.4
2017	4985.4	8393.9	4322.8	1394.7	560.4
2018	5394.7	9437.7	4776.5	1504.8	533.5
2019	5656.2	10655.6	5401.5	1686.4	553.4
2020	5929.9	11402.8	5576.0	1855.4	500.0

N.D.: Dato no disponible.

Fuente: Costa Rica, Guatemala, Honduras y Nicaragua: base de datos del Banco Mundial. El Salvador: período 1980-1994, base de datos del Banco Mundial; período 1995-2020, Banco Central de Reserva de El Salvador.

Anexo 5
Centroamérica:
inversión extranjera directa, 1990-2019
(millones de dólares)

Año / País	El Salvador	Guatemala	Honduras	Nicaragua	Costa Rica
1990	1.9	47.7	43.5	0.7	162.5
1991	25.2	90.7	52.1	42.0	178.4
1992	15.3	94.1	47.6	15.0	226.0
1993	16.4	142.5	26.7	38.8	246.7
1994	N.D.	65.2	34.8	46.7	297.6
1995	38.0	75.2	50.0	88.9	336.9
1996	N.D.	76.9	90.9	120.0	427.0
1997	59.0	631.4	121.5	203.4	409.4
1998	1102.7	1346.3	99.0	218.2	614.5
1999	215.8	924.6	237.3	337.3	619.5
2000	173.4	-788.6	350.0	266.5	723.4
2001	278.9	-936.5	309.8	150.2	621.8
2002	470.0	-1017.0	287.3	203.9	723.2
2003	141.2	19.5	390.2	201.3	774.4
2004	363.3	321.4	592.1	250.0	1083.7
2005	511.1	540.0	601.1	241.1	1528.8
2006	241.1	635.3	717.6	286.8	1801.0
2007	1550.5	859.2	966.9	381.7	2241.5
2008	903.1	731.4	1200.8	627.3	2436.1
2009	368.7	499.8	494.5	433.9	1614.6
2010	-230.3	1102.5	607.4	489.9	1906.9
2011	218.5	876.8	1042.6	936.3	2733.3
2012	466.8	1399.8	1081.3	775.7	2696.3
2013	179.2	1522.1	1069.0	965.1	3205.4
2014	306.3	1407.6	1704.8	1076.8	3242.1
2015	396.6	1203.4	1316.7	967.0	2955.5
2016	347.4	845.8	1147.0	989.1	2620.4
2017	889.1	998.3	950.0	1035.4	2868.9
2018	826.0	922.4	1442.6	837.6	2763.9
2019	636.2	1169.3	955.1	503.0	2505.1

N.D.: Dato no disponible.

Fuente: Costa Rica, Guatemala, Honduras y Nicaragua: base de datos del Banco Mundial. El Salvador: período 1990-2009) base de datos del Banco Mundial; período 2010-2019, Banco Central de Reserva de El Salvador.

Anexo 6
CENTROAMÉRICA:
CARGA TRIBUTARIA, 1990-2019
(ingresos tributarios como porcentaje del PIB)

Año / País	El Salvador	Guatemala	Honduras	Nicaragua	Costa Rica
1990	10.6	7.6	12.4	N.D.	10.7
1991	11.1	9.3	13.0	8.4	11.0
1992	11.2	9.4	13.4	9.2	11.7
1993	12.0	9.0	13.1	8.8	11.5
1994	12.1	7.7	12.4	9.2	11.8
1995	13.0	8.9	13.6	9.4	11.0
1996	12.2	9.8	12.3	9.5	12.1
1997	11.8	9.8	11.8	10.6	12.3
1998	11.7	9.8	14.2	11.0	12.6
1999	11.9	10.5	14.8	10.7	12.9
2000	11.9	10.3	13.7	10.7	12.7
2001	12.2	10.6	13.6	9.8	13.2
2002	13.0	11.6	13.3	10.4	13.1
2003	13.4	11.4	13.7	11.7	13.2
2004	13.4	11.3	14.5	12.2	13.0
2005	14.5	10.9	14.5	12.9	13.3
2006	15.6	11.6	15.2	13.7	13.7
2007	16.0	11.7	16.4	13.9	14.7
2008	16.0	10.9	16.1	13.2	15.0
2009	14.8	10.1	14.2	13.1	12.9
2010	15.6	10.2	14.4	13.7	12.7
2011	15.7	10.6	14.8	14.5	13.0
2012	16.1	10.6	14.8	15.0	12.9
2013	17.1	10.8	15.1	15.0	13.2
2014	16.7	10.7	16.5	15.3	12.9
2015	16.9	10.1	17.3	15.6	13.2
2016	17.4	10.3	18.3	16.2	13.4
2017	17.8	10.2	18.4	16.6	13.4
2018	18.1	10.6	N.D.	15.7	13.2
2019	18.1	10.5	N.D.	17.5	13.5

N.D.: Dato no disponible.

Fuente: Período 1990-2017, base de datos de la Comisión Económica para América Latina y el Caribe. Años 2018 y 2019, base de datos del Banco Mundial.

Bibliografía

Acevedo, Carlos (1994). Raíces económicas de la crisis ecológica en Centroamérica. *Realidad*: Revista de Ciencias Sociales y Humanidades No. 37, 1994: 7-32. UCA.

Acuña Ortega, Víctor Hugo (2018). La formación del Estado en Nicaragua y Costa Rica en perspectiva comparada: siglos XIX y XX. *Anuario de Estudios Centroamericanos*, Universidad de Costa Rica, 44: 247-285.

Aguilar-Støen, Mariel y Benedicte Bull (2016). Protestas contra la minería en Guatemala: ¿Qué papel juegan las élites en los conflictos? *Anuario de Estudios Centroamericanos,* Universidad de Costa Rica, 42: 15-44, 2016.

Almeyra, Guillermo, Luciano Concheiro Bórquez, João Márcio Mendes Pereira y Carlos Walter Porto-Gonçalves (coordinadores) (2014). *Capitalismo: tierra y poder en América Latina (1982-2012) Costa Rica, Cuba, El Salvador, Guatemala, Honduras, México, Nicaragua Volumen III.* Primera edición, 2014. Universidad Autónoma Metropolitana. México.

Anglade, Christian y Carlos Fortín (1987). El papel del Estado en las opciones estratégicas de América Latina. *Revista de la CEPAL*, 31. Abril. Santiago, Chile.

Avancso (1990). Centroamérica en el vértice de la historia. *Cuadernos de Investigación* No. 1, marzo. Segunda impresión Asociación para el Avance de las Ciencias Sociales en Guatemala. Guatemala.

Belloni, Paula y Andrés Wainer (2014). El rol del capital extranjero y su inserción en la América del Sur posneoliberal. Revista *Problemas del Desarrollo*, 177 (45). Abril-junio.

Bértola, Luis y José Antonio Ocampo (2013). *Una historia económica de América Latina desde la Independencia. Desarrollo, vaivenes y desigualdad.* Secretaría General Iberoamericana. Madrid.

Beteta, Hugo E. y Juan Carlos Moreno-Brid (2014). *Cambio estructural y crecimiento en Centroamérica y la República Dominicana Un balance de dos décadas, 1990-2011.* Comisión Económica para América Latina y el Caribe (CEPAL) Santiago de Chile.

Bethell, Leslie (ed.) (2001). *Historia de América Latina. 14. América Central desde 1930*, Cambridge University Press-Editorial Crítica. Barcelona.

Bizberg, Ilan (2014). Types of Capitalism in Latin America. *Revue Interventions économiques* [online], 49. Mayo.

Bizberg, Ilán y Bruno Théret (2014). Introducción. En Ilán Bizberg (ed.). *Variedades de capitalismo en América Latina: Los casos de México, Brasil, Argentina y Chile.* Ciudad de México, El Colegio de México. Pp. 11-40.

Bresser-Pereira, Luiz Carlos (2012). Five Models of Capitalism. *Revista de Economía Política*, 32(1). pp. 21-32.

Bull, Benedicte Yuri Kasahara (2017). La transnacionalización de los grupos empresariales diversificados y el rostro cambiante de las élites económicas centroamericanas. *Anuario de Estudios Centroamericanos*, vol. 43, 2017, pp. 37-69. Universidad de Costa Rica. San José.

_____. (2014). The transformation of Central American economic elites: From local tycoons to transnational business groups. En Sánchez-Ancochea, Diego y Salvador Martí i Puig (editores) (2014). *Handbook of Central American Governance*, Routledge, London, and New York.

Bull, Benedicte, F. Castellacci, Yuri Kasahara (2014). *Business Groups and Transnational Capitalism in Central America. Economic and Political Strategies.* New York: Palgrave-McMillan.

Bulmer-Thomas, Víctor (2010). *La historia económica de América Latina desde la independencia*, segunda edición. México: Fondo de Cultura Económica.

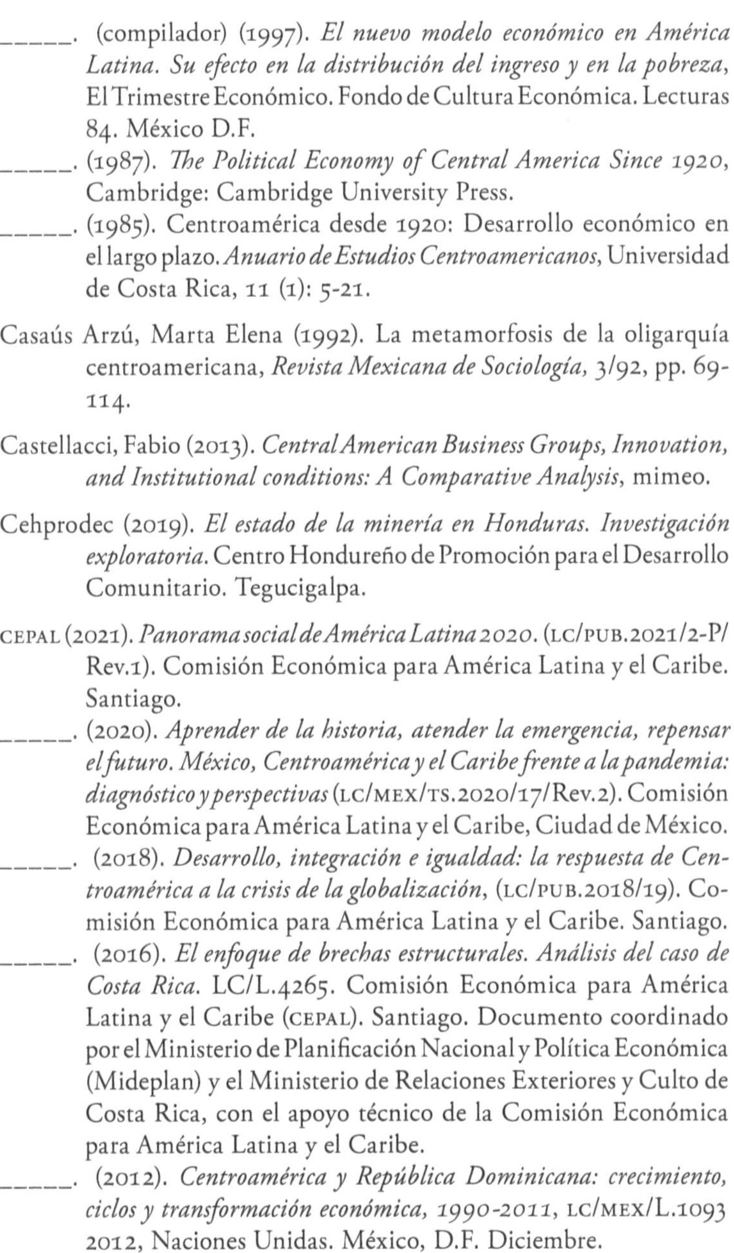

_____. (compilador) (1997). *El nuevo modelo económico en América Latina. Su efecto en la distribución del ingreso y en la pobreza*, El Trimestre Económico. Fondo de Cultura Económica. Lecturas 84. México D.F.

_____. (1987). *The Political Economy of Central America Since 1920*, Cambridge: Cambridge University Press.

_____. (1985). Centroamérica desde 1920: Desarrollo económico en el largo plazo. *Anuario de Estudios Centroamericanos*, Universidad de Costa Rica, 11 (1): 5-21.

Casaús Arzú, Marta Elena (1992). La metamorfosis de la oligarquía centroamericana, *Revista Mexicana de Sociología*, 3/92, pp. 69-114.

Castellacci, Fabio (2013). *Central American Business Groups, Innovation, and Institutional conditions: A Comparative Analysis*, mimeo.

Cehprodec (2019). *El estado de la minería en Honduras. Investigación exploratoria*. Centro Hondureño de Promoción para el Desarrollo Comunitario. Tegucigalpa.

CEPAL (2021). *Panorama social de América Latina 2020*. (LC/PUB.2021/2-P/Rev.1). Comisión Económica para América Latina y el Caribe. Santiago.

_____. (2020). *Aprender de la historia, atender la emergencia, repensar el futuro. México, Centroamérica y el Caribe frente a la pandemia: diagnóstico y perspectivas* (LC/MEX/TS.2020/17/Rev.2). Comisión Económica para América Latina y el Caribe, Ciudad de México.

_____. (2018). *Desarrollo, integración e igualdad: la respuesta de Centroamérica a la crisis de la globalización*, (LC/PUB.2018/19). Comisión Económica para América Latina y el Caribe. Santiago.

_____. (2016). *El enfoque de brechas estructurales. Análisis del caso de Costa Rica*. LC/L.4265. Comisión Económica para América Latina y el Caribe (CEPAL). Santiago. Documento coordinado por el Ministerio de Planificación Nacional y Política Económica (Mideplan) y el Ministerio de Relaciones Exteriores y Culto de Costa Rica, con el apoyo técnico de la Comisión Económica para América Latina y el Caribe.

_____. (2012). *Centroamérica y República Dominicana: crecimiento, ciclos y transformación económica, 1990-2011*, LC/MEX/L.1093 2012, Naciones Unidas. México, D.F. Diciembre.

_____. (1998). *Los sistemas informales de seguridad social. Experiencias en México y el istmo Centroamericano*. México. LC/MEX/L.346. Marzo.

_____. (1993). *Centroamérica. El camino de los noventa*. México. LC/MEX/L.223. Mayo.

_____. (1994). *Nicaragua: una economía en transición*, LC/MEX/R.458 10 de febrero. México.

_____. (1992). *La crisis centroamericana: Orígenes, alcances y consecuencias*. LC/MEX/R.372 3 de noviembre. México. Comisión Económica para América latina y el Caribe.

_____. (1983). *Industrialización en Centroamérica 1960-1980*. Estudios e informes de la CEPAL 30. Naciones Unidas, Santiago de Chile.

_____. (1976). *Desarrollo social y política social en Centroamérica*. CEPAL/MEX/borrador/SDS/76/2. Marzo.

Comisión Centroamericana de Ambiente y Desarrollo (1998). *Estado del ambiente y los recursos naturales en Centroamérica 1998*. San José, Costa Rica.

Cohen I. G. Rosenthal (1983). "The Dimensions of Economic Policy Space in Central America". En Fagen R. y Olga Pellicer (eds.). *The Future of Central America. Policy Choices for the U.S. and Mexico*, Stanford, Stanford University Press.

Cordero, Martha (2015). *La inversión colombiana en Centroamérica*, Comisión Económica para América Latina y el Caribe (CEPAL). Sede Subregional en México LC/MEX/L.1190, Naciones Unidas. México, D. F. Septiembre.

Dunkerley, James (1988). *Power in the Isthmus: A Political History of Modern Central America*. London: Verso.

Ebenau, Matthias (2012). Varieties of Capitalism or Dependency? A Critique of the VoC Approach for Latin America, *Competition and Change*, Vol. 16 No. 3, July, 206–23.

Euraque, Darío (2019). La configuración histórica de las élites de Honduras ante el golpe de Estado del 2009, *Anuario de Estudios Centroamericanos*, Universidad de Costa Rica, 45: 19-48.

_____. (1996). *Reinterpreting the Banana Republic: Region and State in Honduras, 1870-1972*. Chapel Hill: University of North Carolina Press.

_____. (1991). La "Reforma liberal en Honduras" y la hipótesis de la "oligarquía ausente": 1870-1930. *Revista de Historia* No.23, enero-junio. Universidad Nacional de Costa Rica.

Filgueira, F. (2005). Welfare and democracy in Latin America: the development, crises and aftermath of universal, dual and exclusionary welfare states, *Documento de Trabajo*, Ginebra, Instituto de Investigaciones de las Naciones Unidas para el Desarrollo Social (UNRISD).

Filgueira, Carlos H. y Fernando Filgueira (2002). Models of Welfare and Models of Capitalism: The Limits of Transferability. En Evelyne Huber (ed.). *Models of Capitalism: Lessons for Latin America*. University Park, PA, The Pennsylvania State University Press, pp. 127-158.

Fradejas, Alberto Alonso (2014). Guatemala: capitalismo, poder y tierra. En Almeyra, Guillermo, Luciano Concheiro Bórquez, João Márcio Mendes Pereira y Carlos Walter Porto-Gonçalves (coordinadores). (2014). *Capitalismo: tierra y poder en América latina (1982-2012) Costa Rica, Cuba, El Salvador, Guatemala, Honduras, México, Nicaragua, Volumen III*. Primera edición, 2014. Universidad Autónoma Metropolitana. México.

Fumero Vargas, Patricia (2004). Centroamérica: desarrollo desigual y conflicto social 1870-1930, *Cuadernos de la historia de la cultura 13*. Editorial de la Universidad de Costa Rica. San José.

Guillén, Arturo (2021). *El régimen de acumulación en México: caracterización, tendencias y propuestas para su transformación*, serie Estudios y Perspectivas – Sede Subregional de la CEPAL en México, N° 190 (LC/TS.2021/42; LC/MEX/TS.2021/7). Ciudad de México.

Gutiérrez, Edgar (1990). Política exterior y estabilidad estatal. *Cuadernos de Investigación* No. 5, Guatemala, julio. Segunda impresión. Asociación para el Avance de las Ciencias Sociales en Guatemala (Avancso).

Hall, Peter y David Soskice (eds.) (2001). *Varieties of Capitalism: The Institutional Foundations of Comparative Advantage*. Oxford University Press.

Hojman, David (1985). From Mexican Plantation to Chilean Mines: the theoretical and empirical relevance of enclave theories in contemporary Latin America. *Inter-American Economic Affairs*, Vol. XXXIX, Nº 3, Winter, pp. 27-53.

Ianoni, Marcus (2013). Autonomy of the state and development in the democratic capitalism. *Brazilian Journal of Political Economy*, Vol. 33, nº 4 (133). pp. 577-598, October-December/2013.

Ian Bruff (2011). What about the Elephant in the Room? Varieties of Capitalism, Varieties in Capitalism. *New Political Economy*, 16: 4, 481-500.

Kasahara, Yuri (2012). Should I stay or should I go? A comparative study of banking sector policies and the strategies of Central American business groups. *Business and Politics* 14.4 (2012): 1-43.

Llaguno, José Julián, José Julián Cerdas Vega y Carlos Aguilar Sánchez (2014). Transformaciones y continuidades en el capitalismo agrario centroamericano: el caso de Costa Rica, en Almeyra, Guillermo, Luciano Concheiro Bórquez, João Márcio Mendes Pereira y Carlos Walter Porto-Gonçalves (coordinadores) (2014). *Capitalismo: tierra y poder en América latina (1982-2012) Costa Rica, Cuba, El Salvador, Guatemala, Honduras, México, Nicaragua, Volumen III*. Primera edición, 2014. Universidad Autónoma Metropolitana. México.

Litan, Robert Baumol, Carl J. William Schramm (2008). *Good Capitalism, Bad Capitalism, and the Economics of Growth and Prosperity*. Yale University Press– New Haven & London.

López Ramírez, Alexander y Jeannette Valverde Chaves (2015). *Grupos económicos en Centroamérica: Sus estrategias de responsabilidad social*, Universidad Nacional de Costa Rica. Escuela de Relaciones Internacionales. Heredia.

Madariaga, Aldo (2018). Variedades de capitalismo y sus contribuciones al estudio del desarrollo en América Latina. *Política y gobierno*, volumen XXV, No. 2, II semestre.

Mahoney, James (2011). Liberalismo radical, reformista y frustrado: orígenes de los regímenes nacionales en América Central. *América Latina Hoy*, 57, pp. 79-115. Ediciones Universidad de Salamanca.

_____. (2002). Los patrones de dependencia en los cambios de régimen: América Central en perspectiva comparada. *Araucaria,* volumen 4, No. 7. Universidad de Sevilla.

Marchena Sanabria, Jorge (2016). Las alianzas del azúcar y la política: apuntes para la comprensión histórica de la élite azucarera en Costa Rica (1950-2010). *Anuario de Estudios Centroamericanos*, Universidad de Costa Rica, 42: 357-383.

Martínez Franzoni, Juliana y Diego Sánchez-Ancochea, (2017). ¿Cómo alcanzó Costa Rica la incorporación social y laboral? *Revista de la CEPAL* N° 121, abril. Comisión Económica para América Latina y el Caribe. Santiago.

Martínez, Juliana, Maxine Molyneux y Diego Sánchez-Ancochea (2009). Latin American Capitalism: Economic and Social Policy in Transition. *Economy and Society,* volume 38, number 1, February: 1-16.

Martínez Franzoni, Juliana (2008). *¿Arañando bienestar? Trabajo remunerado, protección social y familias en América Central.* Buenos Aires: Consejo Latinoamericano de Ciencias Sociales (CLACSO).

Martínez-Peñate, Óscar (2017). Familia, poder económico y político en El Salvador, *Revista ECA, Estudios Centroamericanos,* volumen 72, No. 749, abril-junio. El Salvador.

Menjívar, Oscar (1990). Estudio sobre el ahorro nacional para el caso de El Salvador, en Massad, Carlos y Eyzaguirre, Nicolas (ed.) *Ahorro y formación de capital. Experiencias latinoamericanas.*

Miller, Rory M. (2010). Latin American Business History and Varieties of Capitalism, *The Business History Review*, Winter 2010, Vol. 84, No. 4, pp. 653-657.

Palencia Prado, Mayra (2016). *Elites y lógicas de acumulación en la modernización económica guatemalteca.* Instituto de Investigaciones y Gerencia Política Universidad Rafael Landívar. Disponible en: <http: //www.american.edu/clals/central-american-elites>.

Paige, Jeffery M. (1994). *Coffee and Power: Revolution and the Rise of Democracy in Central America.* Cambridge, MA: Harvard University Press.

Paniagua Serrano, Carlos Rodolfo (2002). El bloque empresarial hegemónico salvadoreño. *Revista* ECA, *Estudios Centroamericanos*, 645-646, julio-agosto, año LVII (número monográfico). El Salvador: UCA.

Pérez Sáinz, Juan Pablo, Katherine Andrade-Eekhoff, Santiago Bastos y Michael Herradora (2003). El orden social ante la globalización. Procesos estratificadores en Centroamérica durante los años noventa. *Serie Políticas Sociales*, 80. División de desarrollo social. Comisión Económica para América Latina y el Caribe. Santiago, diciembre.

Pinto, Aníbal (1980). Falsos dilemas y opciones reales en la discusión latinoamericana actual, *Revista del Banco Hipotecario de El Salvador*, volumen XV, enero-marzo, No.1. San Salvador.

PNUD (2021). *Atrapados: Alta desigualdad y bajo crecimiento en América Latina y el Caribe.* Informe Regional de Desarrollo Humano 2021. Programa de las Naciones Unidas para el Desarrollo, Nueva York.

_____. (2010): *Hacia un Estado para el desarrollo humano Informe Nacional de Desarrollo Humano 2009-2010*. Programa de las Naciones Unidas para el Desarrollo. Guatemala.

Posas, Mario (1994): La plantación bananera en Centroamérica (1870-1929). En: Acuña, Víctor Hugo (ed.): *Historia General de Centroamérica. Tomo 4: Las Repúblicas Agroexportadoras.* San José: Flacso, pp. 111-165.

PREALC (1986). *Cambio y polarización ocupacional en Centroamérica.* Editorial Universitaria Centroamericana (Educa).

Razmig, Keucheyan (2014). Estado, capitalismo y naturaleza, *Revista Nueva Sociedad* No.152. Págs 30-42. Julio-agosto. Buenos Aires.

Rivera, Eugenio y Claudia Schatan (coordinadores). (2008). *Centroamérica y México: políticas de competencia a principios del siglo XXI.* Comisión Económica para América Latina y el Caribe. Libros de la CEPAL, 95. México.

Robles Rivera, Francisco (2017). Élites en El Salvador: cambios y continuidades (2000-2016). *Anuario de Estudios Centroamericanos*, Universidad de Costa Rica, 43: 99-124.

_____. (2016). Fotografía de la familia: ¿Quiénes son y cómo son los grupos de poder económico en Costa Rica? 1948-2014. En Ronny J. Viales Hurtado y David Díaz Arias (editores). *Historia de las desigualdades sociales en América Central. Una visión interdisciplinaria. Siglos XVIII-XXI.* San José, Costa Rica. Vicerrectoría de Investigación: Centro de Investigaciones Históricas de América Central.

_____. (2011): Capitalismo volátil: acumulación y élites en la última década en El Salvador.

Rovira Mas, Jorge (2005). Centroamérica: política y economía en la posguerra (1944-1979). *Diálogos, Revista Electrónica de Historia,* volumen 6, número 1, febrero-agosto. Universidad de Costa Rica.

_____. (editor) (2001). *La democracia de Costa Rica ante el siglo XXI.* San José, Costa Rica: Editorial de la Universidad de Costa Rica-Fundación Friedrich Ebert-Instituto de Investigaciones Sociales.

Samper Kutschbach, Mario (2003). Tierra, trabajo y tecnología en el desarrollo del capitalismo agrario en Costa Rica. *Historia Agraria* 29. Abril. pp. 81-104.

Sánchez-Ancochea, Diego y Juliana Martínez Franzoni, (2015). *La incorporación social en Centroamérica: trayectorias, obstáculos y oportunidades.* LC/MEX/L.1200. Comisión Económica para América Latina y el Caribe, Ciudad de México. Diciembre.

Sánchez-Ancochea, Diego y Salvador Martí i Puig (Editores) (2014). *Handbook of Central American Governance*, Routledge, London, and New York.

Sánchez-Ancochea, Diego (2009). State, firms, and the process of industrial upgrading: Latin America's variety of capitalism and the Costa Rican experience, *Economy and Society*, 38: 1, 62-86.

Sánchez Díez, Ángeles y Jorge Mario Martínez Piva (2014). *Centroamérica: ¿Una nueva relación centro-periferia basada en el control de los activos productivos?* Documento de proyecto LC/W.578. Comisión Económica para América Latina y el Caribe. Santiago. Marzo.

Schneider, Aaron (2014). The great transformation of Central America: Transnational accumulation and the evolution of capital. En Sánchez-Ancochea, Diego y Salvador Martí i Puig (Editores) (2014). *Handbook of Central American Governance*, Routledge, London, and New York.

Schneider, Ben Ross (2009). Hierarchical Market Economies and Varieties of Capitalism in Latin America, *Journal of Latin American Studies* 41.03 (2009): 553-575.

_____. (2008). Hierarchical Market Economies and Varieties of Capitalism in Latin America. September. Department of Political Science Northwestern University.

Schneider, Ben Ross y David Soskice (2007). Inequality in developed countries and Latin America: coordinated, liberal and hierarchical systems. *Economy and Society*, 38: 1, 17-52.

Schneider, Ben Ross y Sebastian Karcher (2010). Complementarities and continuities in the political economy of labour markets in Latin America. *Socio-Economic Review* (2010) 8, 623-651.

Schoultz, L. (1998). *Beneath the United States. A History of U. S. Policy toward Latin America*, Cambridge, Mass.: Harvard University Press.

Schrank, Andrew (2009) Understanding Latin American political economy: varieties of capitalism or fiscal sociology?, *Economy and Society*, 38: 1, 53-61.

Segovia, Alexander (2021). *¿Es el capitalismo de Guatemala jerárquico?* Próximo a publicarse.

_____. (2018). *Economía y poder: recomposición de las élites económicas salvadoreñas*, Incide-F&G Editores. Guatemala.

_____. (2005). *Integración real y grupos de poder económico en América Central. Implicaciones para la democracia y el desarrollo de la región.* Fundación Friedrich Ebert. San José.

_____. (2004a). *Modernización empresarial en Guatemala: ¿cambio real o nuevo discurso?*, D&D-F&G Editores. Guatemala.

_____. (2004b). Centroamérica después del café: el fin del modelo agroexportador tradicional y el surgimiento de un nuevo modelo económico, *Revista Centroamericana de Ciencias Sociales*, Vol. 1, No. 2, San José, Flacso.

_____. (2002). *Transformación estructural y reforma económica en El Salvador*. Guatemala: D&D Consultores-F&G Editores.

Sheahan, John (2002). Alternative Models of Capitalism in Latin America. En Evelyne Huber (ed.) *Models of capitalism: Lessons for Latin America*. University Park, PA. The Pennsylvania State University Press, pp. 25-51.

Sojo, Carlos (2010). *Igualiticos. La construcción social de la desigualdad en Costa Rica*. Flacso-PNUD. San José. Enero.

Sojo, Carlos (1991). *La utopía del Estado mínimo: Influencia de AID en Costa Rica en los años ochenta*. CRIES/CEPAS.

Stallings, Barbara y Wilson Peres (2000). Growth, Employment, and Equity: The Impact of the Economic Reforms in Latin America and the Caribbean. Washington D.C.: Brookings Institution Press, United Nations Economic Commission for Latin America, and the Caribbean.

Striffler, Steve y Mark Moberg (2003). *Banana Wars. Power, Production and History in the Americas*. Durham: Duke University Press.

Torres González, Luis Daniel y Krista Zafra García (2020). *Distribución funcional del ingreso inducido por el comercio entre los países de Centroamérica, México y la República Dominicana*, Documentos de Proyectos (LC/TS.2020/114; LC/MEX/TS.2020/28). Ciudad de México, Comisión Económica para América Latina y el Caribe (CEPAL).

Torres-Rivas, Edelberto (2001). Contrapunto entre reforma y revolución: La democracia en Guatemala y Costa Rica. En Jorge Rovira Mas (editor). *La democracia de Costa Rica ante el siglo XXI*, páginas 21-40.

_____. (1998). Construyendo la paz y la democracia: El fin del poder contrainsurgente en Guatemala. En Edelberto Torres-Rivas y Gabriel Aguilera Peralta, *Del autoritarismo a la paz*. Guatemala: Flacso, 1998.

_____. (editor) (1993). *Historia general de Centroamérica*. Tomo VI. *Historia inmediata*, Madrid: Flacso-Sociedad Estatal Quinto Centenario.

_____. (1981). *Interpretación del desarrollo social centroamericano*, Séptima edición. Editorial Universitaria Centroamericana (Educa). Costa Rica.

_____. (1970), Desarrollo, integración y dependencia en Centroamérica, *Estudios Internacionales*, Vol. 3, Núm. 12: Enero-marzo. p. 489-511. Santiago, Chile.

Rockwell, R. y N. Janus (2003). *Media Power in Central America*, Urbana and Chicago, Illinois; University of Illinois Press.

Urquidi, Víctor L. (1998). Incidentes de integración en Centroamérica y Panamá, 1952– 1958, Revista *CEPAL*, Naciones Unidas Comisión Económica para América Latina y el Caribe (CEPAL). Octubre.

Viales Hurtado, Ronny J. (2006). Más allá del enclave en Centroamérica: aportes para una revisión conceptual a partir del caso de la región Caribe costarricense (1870-1950). *Iberoamericana*, VI, 23, 97-111

_____. (2005). "La reconceptualización del 'enclave' bananero desde la perspectiva de la historia económica. Una propuesta a partir del caso de la región Atlántica (Caribe) costarricense entre 1870 y 1950". En: Pakkasvirta, Jussi y Kent Wilska (eds.): *El Caribe centroamericano*. Helsinki: Publicaciones del Instituto Reenvía, pp. 32-71.

Viales Hurtado, Ronny y David Díaz Arias (Editores) (2016). *Historia de las desigualdades sociales en América Central Una visión interdisciplinaria. Siglos XVIII-XXI*. San José, Costa Rica. Vicerrectoría de Investigación: Centro de Investigaciones Históricas de América Central.

Vilas, Carlos (2009). *Estado, mercado y revoluciones: Centroamérica 1950-1990*. Buenos Aires. Junio.

_____. (1988). "El desarrollo desigual de las condiciones revolucionarias en Centroamérica (1950-1980)" en *Estudios Latinoamericanos CELA* (Managua) Año 3, Vol. III, N° 5, julio-diciembre.

Waxenecker, Harald (2017). *Élites políticas y económicas en El Salvador: ¿Captura del Estado?*, El Salvador: Heinrich Böll Stiftung, noviembre. Primera edición.

World Bank (1989). *El Salvador: Country Economic Memorandum*. Report based on the findings of a mission which visited El Salvador in November/December 1988.

El gran fracaso: 150 años de capitalismo ineficiente, concentrador y excluyente en Centroamérica, de Alexander Segovia se terminó de imprimir en octubre de 2021, año del bicentenario de la Independencia de Centroamérica y del centenenario del nacimiento de Augusto Monterroso (21 de diciembre de 1921-7 de febrero de 2003), Premio Nacional de Literatura "Miguel Ángel Asturias" en 1997; y de Otto Raúl González (1 de enero de 1921-23 de junio de 2007), Premio Nacional de Literatura "Miguel Ángel Asturias" en 1990. F&G Editores, 31 avenida "C" 5-54 zona 7, Colonia Centro América, 01007. Guatemala, Guatemala, C.A. Teléfono: (502) 2292 3792, informacion@fygeditores.com
www.fygeditores.com

www.ingramcontent.com/pod-product-compliance
Ingram Content Group UK Ltd.
Pitfield, Milton Keynes, MK11 3LW, UK
UKHW041641190726
13854UKWH00006B/2622

9 789929 700918